www.ingramcontent.com/pod-product-compliance
Lightning Source LLC
Chambersburg PA
CBHW081202020426
42333CB00020B/2597

مراجعةٌ في الدستور اللُبنانيّ
تفعيلًا واستكمالًا

العنوان :	مراجعةٌ في الدستور اللُبناني تفعيلًا واستكمالًا: مشروع قانون دستوري يرمي الى إجراء بعض التعديلات على الدستور.	

المؤلف : مجموعة من الاختصاصيين المتطوّعين التالية أسماؤهم :

البروفسور رزق منصور زغيب ، القاضية ميسم عبدالقادر النويري ، الدكتور هشام سماح الأعوَر ، السيد حسن حُسين الحُسيني ، الشيخ منصور أنطوان الخوري ، الدكتورة رنا محمد-ناظم الحُسيني ، البروفسور فريد منعم جبور ، الدكتور وسام عبدو اللحّام ، الأب الدكتور ميشال شفيق روحانا الأنطوني .

هاتف :	كندا :	1.437.788 4837
	لبنان :	961.3.264899 و 961.70.545356

بريد :	ص. ب ١١٦ - ٥٢٢٠ بيروت

رقم الإيداع الدولي : ISBN: 968-9953-0-6390-4

الحجم : ١٧ x ٢٤ سنتمتر

الطبعة الأولى : 2025

عدد الصفحات : 92

تصميم : دار صادر – لبنان   darsader@gmail.com

مراجعةٌ في الدستور اللُبنانيّ تفعيلًا واستكمالًا

اقتراح مشروع قانون دستوري يرمي الى إجراء

بعض التعديلات على الدستور

بيروت ٢٠٢٥

المحتويات

توطئـة

لما كان الوطن في محنةٍ ،

ولما كان الكيان في خطرْ ،

ولما كان الاقتصاد يتهاوى ،

ولما باتت الهجرة محتومةً، قدرْ ،

ولما كان النظام في شلل ،

ولما كان القضاء في خلل ،

ولما بات الخوف يسيطر على العقول، والحقد على القلوب ،

وأضحى الدستورُ معلّقًا على حَبلِ توافقاتٍ أخطاؤها جلل ،

ولما كانت الدولة مستباحة ،

ولما كان المجتمع مفكّكًا ،

ولما أمست الغرائز القَبَلية تحجُب المُنازلة الديمقراطية ،

ولما كانت أصوات الاستقواء والاستعلاء

تجدُ صدًى لها وحيدًا في ابواق الانعزال والانكفاء ،

ولما كان اليأس مرفوضًا والقنوط مردودًا، ولبنان بحاجة إلى موارده البشرية كافة ،

ولما كان التعلّق بارض الاجداد لا يضاهيه إلا الأمل بغدٍ مشرق يليق بلبنان الرسالة ،

ولما كانت البلاد بحاجة الى وثبةٍ توحيدية تمرّ بتفعيل النصوص الراعية للمؤسّسات الدستورية ضمن دولة مركزية قوية يوائم نظامها السياسي بين مبدأي «الشراكة» و«الفعالية» في إطار يحترم الحقوق والحريات العامة ،

ولما كانت الرؤية غائبة والشعب في ضياع ،

تنادَينا كأفراد من الرائدين في المجتمع ، كل في مجال عمله ، راكَمنا الخبرات وشحذنا الهمَم، فعقدنا برعاية واستضافة الأب الانطوني الدكتور ميشال روحانا، اجتماعات متواصلة على مرّ سنة من الزمن ، تناقشنا وتبادلنا الافكار حتى توصّلنا الى اقتراح مشروعِ قانونٍ دستوريّ يرمي الى إجراء بعض التعديلات على الدستور علّنا بذلك نسهم في اطلاق نفير ورشة الإصلاح لدرء البلوى ، ورفع الغُمّة عن صدور مواطنينا، ونحن على ذلك عازمون انطلاقا من مبدأ أن ما ينفع الجزء من المجتمع ينفع الكل ، وما يسيء إلى الجزء يسيء إلى الكل .

والله وليّ التوفيق.

القاضية ميسم عبدالقادر النويري	البروفسور رزق منصور زغيب
السيد حسن حُسين الحسيني	الدكتور هشام سماح الأعور
الدكتورة رنا محمد نظام الحسيني	الشيخ منصور أنطونيوس الخوري
الدكتور وسام عبدو اللحام	البروفسور فريد منعم جبور
	الدكتور الأب ميشال شفيق روحانا الأنطوني

٨ تشرين ثاني ٢٠٢٤

٤

الأسبـاب الموجبـة لتعديل الدستور

لا غُروَ في القول إن دستور الجمهورية اللبنانية الذي أذيع قبل ما يناهز المئة عام في أيار ١٩٢٦ هو عميد دساتير المنطقة مما يَعكس عراقة التقاليد الديمقراطية ورسوخ التراث الحقوقي في بلد الأرز .

والدستور اللبناني من الدساتير الجامدة التي حددت مواده ٧٦ إلى ٧٩ آلية معقّدة لتعديله . وقد أدخل على الدستور منذ ذلك الحين اثنا عشر تعديلًا أهمها تعديلان ، الأول الذي حصل في تشرين الثاني ١٩٤٣ ، انتقل لبنان بموجبه من عهد الجمهورية الأولى إلى الجمهورية الثانية ، والثاني حصل في ٢١ ايلول ١٩٩٠ على أثر وثيقة الوفاق الوطني المعتمدة في مدينة الطائف ، في المملكة العربية السعودية ، والمصادق عليها في لبنان ، والتي انتقل بموجبه لبنان إلى الجمهورية الثالثة التي ما زالت قائمة حاليًا [١].

وكان من شأن الإصلاحات التي ادخلها التعديل الأخير على النظام السياسي بعد حرب اهلية دامية «تحقيق المشاركة الحقيقية في القرار وانشاء دولة المؤسسات» على ما أكدت عليه اللجنة العربية الثلاثية العليا الراعية لاتفاقٍ أساسه وقاعدته ومنطلقه انهاء حالة الحرب والانتقال إلى بناء السلام .

وبالفعل ، ارتكزت مبادئ النظام السياسي الذي صاغه مؤتمر الطائف على «الانتقال من حكم الهيمنة المُطرّى بالثنائية ، إلى حكم المشاركة الجماعية وإلغاء الهيمنة ، ومن حكم القهر الممكن إلى حكم التفهُّم والقهر المستحيل» [٢] ، وذلك عبر تكريس المناصفة في الحكم بين المسلمين والمسيحيين في المجلس النيابي نصًا وفي مجلس الوزراء حيث سلطة القرار ممارسةً ، في بلد هو وطن العيش المسيحي الإسلامي المشترك بالتساوي والمساواة ،

---

١   يراجع حول تعداد الجمهوريات الرأي الاستشاري الصادر عن مجلس شورى الدولة تحت رقم ٩٤ تاريخ ١٩٩٧/٢/١٩ ، وزارة التربية الوطنية والشباب والرياضة .

٢   البير منصور ، الانقلاب على الطائف ، دار الجديد ، ١٩٩٣ ، ص ٨١ .

بديمقراطية من غير عدٍّ ولا حساب ، بما يخدم الوفاق ، مع تمثيل نسبيّ للطوائف من داخل المناصفة لتحقيق العدالة في التمثيل ووضع أسس مقبولة لمشاركة الجميع في السلطتين التشريعية والإجرائية ، كل ذلك في إطار محطة مشاركة انتقالية – ما زلنا نعيش في حناياها – تمهيدًا لولوج باب إلغاء الطائفية تدريجيًا وعلى المستويات كافة ، أو بشكلٍ مقتَصِر على النواحي السياسية ، على أن يُحصر تمثيل الطوائف في مجلسٍ للشيوخ غايته تبديد المخاوف وإشاحة الهواجس.

أثبت حكم المشاركة والمؤسسات الذي أرساه الإصلاح الدستوري لعام ١٩٩٠ أنه حاجة ملحة ووجودية لبلد يتكوّن من أقليات طائفية متشاركة على حد قول ميشال شيحا ، إلا أن الممارسة المديدة التي زادت عن الثلاثة عقود قد أظهرت عثراتٍ وثغرات تعتري عمل المؤسسات الدستورية وترمي بثقلها على فعالية آلة الحكم في لبنان ، مما يقتضي معه إيجاد الآليات المناسبة لتفعيل عمل السلطات دون المسّ بأسس المُشاركة والمُساواة التي كرّسها اتفاق الطائف في إطار نظامٍ جمهوري ديمقراطي برلماني ودولةٍ مركزية قوية لا تجد ضيرًا في تكريس الممارسة الإدارية اللامركزية منهجًا وانماء المناطق ليس فقط المتوازن بل المتناسب ايضًا نهجًا ، هذا من جهة ؛ ومن جهة أخرى فقد بيّن طول أمد الفترة الانتقالية عُقمًا وابهامًا في مسار تخطها ، وأماط اللثام عن عمق التحفظات وحجم الموروثات بحيث أصبح لزاما اعادة تكييف هذه الآليات مع واقع الحال بما يخدم بناء المواطنة في لبنان مع مراعاة طبيعة تكوينه المجتمعي الخاصة.

أظهرت التجربة أن تعديلًا جراحيًا ، موضعيًا ، وهادفًا للنص الدستوري بات ضروريًا بُغية تطوير مسالكه دون المس بجوهره ، ومن أجل مواءمة «المشاركة» مع «الفعالية» ، فلا تطغى الثانية على الأولى ، على ما كان عليه الحال في الجمهوريتين الأولى والثانية ، ما ولّد إحساسًا بالهيمنة مع ما يرافقه من شعور بالغبن والإجحاف مولّدٍ للأزمات والعُنف ، ولا تطمُسِ الأولى الثانية على ما هو حاصل حاليًا ، فأمسى التعطيل مذهبًا ، وشلل المؤسسات ديدنًا تعتاد عليه عجلة الحكم في الدولة.

> «إذ إن هناك فارقًا بين أحكام بنيوية لها صفة الديمومة لضمان السلم الأهلي من خلال عقد جديد بين الجماعات اللبنانية الميالة للتناحر والمغالبة ، وبين البنود التي تهدف لانتظام الحياة السياسية العادية. فبينما علينا مقاربة

الأولى بنوع من القدسية او في الأقل بالالتزام الصارم ، يمكننا النظر إلى الثانية بوصفها احكامًا تستدعي التفسير العملي ، وقد تقتضي ايضًا تفكرًا لتطويرها كي تجاري متطلبات التغيير في احوال المجتمع ، مستخلصين العِبَر من تطبيقها العملي» .[٣]

إن التعديل الهادف لأحكام الدستور هو السبيل الوحيد لإعادة بث الروح في نظام سياسي متهالك ومتداعي ، اندثر فيه مبدأ استمرارية السلطة إلى أبعد حدود ، مما جعله يُقذف بكل هضيمة ويبّز بكل عظيمة ، حتى بات يوحي للبعض المتكالب على دفنه والساعي لإحياء مشاريع الانعزال والانعتاق والاستقواء والإلغاء انه يلفظ انفاسه الأخيرة . فلا ريب أن ورشةً ترميميةً للهيكل تقيه السقوط امست حاجة ملحة فيَخضرَّ عودُه ويَصلُبَ عَمودُه .

ولا شك أن هذا التعديل المقترح يلامس مختلف نواحي النص ، فيوضح ويعزز بعض المسائل الجوهرية المُقرّة والمكرّسة في فلسفة النظام وفي مجال الحقوق والحريات كما انه يمتدّ بطبيعة الحال إلى السلطات التشريعية ، التنفيذية ، والقضائية ، ليتناول بعض نواحي تكوينها وصلاحياتها وعلاقاتها فيما بينها .

أولًا : في فلسفة النظام السياسي والحقوق والحريات

لقد أدخل الإصلاح الدستوري لعام ١٩٩٠ مقدمة على الدستور ضّمنها فلسفة النظام السياسي في لبنان والأسس التي يرتكز عليها فضلًا عن تكريسه للحقوق والحريات التي يتمتع بها اللبنانيون افرادًا وجماعات والتي يضاف اليها ما ورد في متن الدستور اصلًا في المواد ٧ إلى ١٣ منه . ومن نافل القول إن هذه المقدمة وامتدادها لناحية هذه الحقوق تشكل العامود الفقري للتكوين الدستوري اللبناني ويقتضي إبقاؤها منزّهة عن التعديل او التحريف لما تختزنه من مبادئ عامة جوهرية . إلا أن هذه المسلّمة لا تغني عن إدخال بعض التعديلات الموضعية بغية اشاحة الغموض حول بعض البنود التي بيّنت الممارسة

---

٣ تقديم الوزير البروفسور غسان سلامة لكتاب الوزير ونقيب المحامين السابق رمزي جريج ، «نثر في الهواء» ، صادر ناشرون ، بيروت ، ٢٠٢٤ . صفحة ٩ .

تشويهًا لمضمونها يكرس التعطيل، فضلًا عن تعزيز بعض الحقوق والحريات الأمر الذي ينسحب حتمًا على السلطة القضائية والمجلس الدستوري بفعل أن حق ولوج قضاءٍ مستقلٍ يشكل مدخلًا حتميًا للتمتع بالحقوق كافة.

وعليه، يقترح التعديل الدستوري الحاضر استبدال «إلغاء» الطائفية السياسية الواردة في البند «ح» من الدستور بـ «تجاوز» هذه الطائفية، وذلك نتيجة الفشل الذريع الذي رافق تحقيق هذا الهدف الوطني الأساسي بفعل الهواجس التي عززتها بعض الممارسات على ارض الواقع. والغاية المنشودة وراء هذا التعديل الذي يمتد إلى احكام المواد ٢٢ و٢٤ و٢٧ و٩٥ من الدستور هو رفع السيف المسلط من قبل بعض اللبنانيين على بعضهم الآخر، بحيث يرتقي هذا الهدف الوطني من بازار المناكفات السياسية إلى رحاب العمل السياسي الرصين البعيد عن إثارة النعرات الطائفية، وتلغى الطائفية تدريجيًا من النفوس قبل النصوص، فيطمئن اللبنانيون إلى هواجسهم ويطئون مجال النقاش السياسي الذي تمتاز به الدول العصرية بعيدًا عن أتون النزاعات القبلية.

فضلًا عن ذلك أظهرت التجربة استخدامًا غير محمود لما تضمنه البند «ي» من مقدمة الدستور لجهة «أن لا شرعية لأي سلطة تناقض ميثاق العيش المشترك»، بحيث فسّرت هذه المادة على غير محملها، وأفسحت المجال لإخضاع اللبنانيين ليس فقط لأحكام الدستور ومواده، بل لبنود اخرى مبهمة تحت عنوان الميثاق استُعملت لتعطيل عمل المؤسسات والتعسف في فرض التوافقات على آلية عمل السلطات، الأمر الذي يحّتم التأكيد على حصرية مرجعية الدستور كحكم وضمانة للعيش المشترك بين اللبنانيين.

كما أن تنوع المجتمع اللبناني وتاريخ الأزمات المديد الذي شهدها، فضلًا عن تمرّس مجموعاته في ربط ذاتها بعلاقات مع الخارج ناهيك عن علاقات الخارج بها، يحّتم التشديد على ضرورة وحدة الدولة المركزية في لبنان، إلا أن ذلك لا يمنع بتاتًا من تكريس التنظيم الإداري اللامركزي في متن الدستور توخيًا لحسن سير العمل الإداري وتعزيزًا للممارسة الديمقراطية المحلية ليس إلا، دون طبعًا أن تُستعمل هذه الوسيلة مطية لغايات التمايز والعزل والتقسيم.

كما أنه يقتضي مواكبة العصر لناحية تركيز مبدأ المساواة أمام القانون بين اللبنانيين ذكورًا واناثًا لكي يتيح هذا الأمر للمشرّع ، إن اقتضت الظروف ذلك ، أن يلحظ تحفيزا لتمثيل العنصر النسائي في مختلف المناصب السياسية في الدولة . فضلًا عن أنه لا ضير بتاتًا من توضيح وتعزيز مفاهيم الحرية الشخصية وحرية الرأي وتخفيض سن الاقتراع لكي يلاقي سنّ الرشد المدني ، كما أن الاعتراف البديهي للطوائف بأنظمة الأحوال الشخصية والمصالح الدينية العائدة لها يجب ألا يغفل حق السلطة التشريعية ايضًا ، صاحبة الصلاحية السيادية والشاملة والأصيلة في هذا المضمار ، في تنظيم الأحوال الشخصية المدنية على ألا يتعارض ذلك طبعًا مع حرية المعتقد .

واخيرًا ، اقتضى توضيح بعض الإبهام الذي يعتري آلية تعديل الدستور في ضوء مستلزمات انشاء مجلس للشيوخ بات له دور اساس من ضمن السلطة التأسيسية المناطة بها هذه الصلاحية .

ثانيًا : في السلطات

١. في السلطة التشريعية :

يهدف مشروع التعديل الدستوري إلى إخراج مجلس الشيوخ من عقاله وتحويل المادة (٢٢) الشرطية إلى مادة عاملة عبر لحظ تكوين هذا المجلس حيث تتمثل فيه الطوائف وفق نسب حُددت في المادة (٩٦) المقترح إعادة إحيائها من جديد ومع لحظ تمثيل لرؤساء الطوائف الدينية عبر اشخاص يتولى هؤلاء تعيينهم ، فضلًا عن تحديد صلاحياته المادة (٣٠) بشكل لا يعيق العمل التشريعي ويطمئن اللبنانيين لناحية هواجسهم الطائفية .

كما انه جرى تحرير عضوية مجلس النواب من القيد الطائفي مع وضع ضوابط لناحية حجم الدوائر الانتخابية ونظام الاقتراع الواجب اعتماده تحقيقًا لعدالة التمثيل وفعاليته وتحريرًا للناخبين والمرشحين على السواء من عوامل التبعية والاستزلام وسائر العوامل التي تضرب صدقية الاقتراع .

وقد جرى تمكين السلطة التشريعية بمجلسيها من ممارسة صلاحياتها لا سيما

التشريعية والرقابية خلال أمد أوسع بحيث جرى اقتراح أن يجتمع المجلسان في عقد واحد يمتّد لفترة تسعة أشهر من السنة بما يجاري حركة العصر والتطور الذي يلحظه العمل البرلماني المقارن.

٢. في السلطة التنفيذية:

يسعى التعديل الدستوري المقترح إلى تحديد الدور الذي أناطه الدستور الحالي برئيس الجمهورية عبر إعادة بلورة وظائفه بشكل دقيق مع تزويده بالصلاحيات اللازمة للقيام بهذا الدور، فيرتقي فعليًا من دور الشريك المضارب في الحُكم إلى دور الحَكَم الفاعل المترفّع عن النزاعات السياسية الضيقة إذ يُمنح، على سبيل المثال، صلاحية حلّ مجلس النواب منفردًا فضلًا عن صلاحية تعيين عضو من أعضاء المجلس الدستوري، علاوة عن تحديد دوره في مجال العلاقات الخارجية بما يتلاءم مع موقعه كممثل للدولة ومع مقتضيات تَوَلّي مجلس الوزراء السلطة الاجرائية، ناهيك عن توضيح صلاحياته في مجال منح الجنسية وإعلان الحرب.

أما لناحية رئيس مجلس الوزراء فقد جرى ايضًا اقتراح تعزيز صلاحياته عبر منحه، مثلًا، السلطة التنظيمية، بما يتلاءم مع المبادئ العامة المعتمدة في هذا المجال بحيث تُمنح هذه الصلاحية لفرد وليس لهيئة جماعية دون أن يعني ذلك عدم تقييده أحيانًا بقرارات مسبقة صادرة عن مثل هكذا هيئات.

كما جرى الحرص على تفعيل عمل مجلس الوزراء وجعل التآمه منتظما وذلك عبر جعل نصاب انعقاده وآلية اتخاذ القرار فيه أكثر مرونة بما يخدم التضامن الوزاري، فضلاً عن تحرير عملية إقالة الوزراء من قيود تسمّم اجواء السلطة التنفيذية

٣. في السلطة القضائية وسائر السلطات ذات الصلة:

لا بد من تعزيز استقلالية السلطة القضائية لا سيما لجهة ضمانات التعيين في السلك وتلك الملتصقة بالتشكيلات والمناقلات القضائية الشاملة بحيث يجري تقييد صلاحية اصدارها من قبل السلطات الدستورية الأخرى المولجة بذلك إلى ابعد حدود،

هذا مع الحرص على عدم بروز مراكز قوى داخل القضاء نتيجة الاستمرار اللامتناهي في شغل بعض المناصب القضائية الحساسة. ومن جهة اخرى، يقتضي تعزيز صلاحيات المجلس الدستوري لناحية الرقابة على دستورية القوانين، كما ومقتضيات استقلاله كسلطة دستورية عن باقي السلطات لا سيما لناحية آلية تعيين اعضائه.

كما وجب تسهيل وتوضيح آلية الاتهام والإحالة امام المجلس الأعلى لمحاكمة الرؤساء والوزراء بما يعزز المساءلة والحد من الإفلات من العقاب عبر حصر اختصاصه من جهة بشكل واضح وتخفيض الأكثرية المطلوبة للاتهام مما يجعل اختصاصه بالتالي معقودًا.

ثالثًا : في العلاقة بين السلطات

١. في العلاقة بين ركنيّ السلطة التنفيذية :

يهدف التعديل المقترح إلى توضيح العلاقة بشكل جلي بين كل من رئيس الجمهورية ومجلس الوزراء الذي أناط به الدستور السلطة الإجرائية.

فقد أظهرت الممارسة جنوحًا في آلية اتخاذ القرارات الإدارية النافذة ومشاريع القوانين، حيث إن الدستور اللبناني قبل تعديل العام ١٩٩٠ وبعده لم يجاف المبادئ التي يرتكز عليها النظام الجمهوري في لبنان، ولبنان على ما أسلفنا جمهورية ديمقراطية برلمانية وفقًا للفقرة «ج» من مقدمة الدستور، فإن رئيس الجمهورية وعلى ما تشير اليه المادة (٥٦) من الدستور الحالية هو الذي يصدر المراسيم ويطلب نشرها، وهذا الاختصاص متلازم، بل هو جوهر النظام الجمهوري لأن المرسوم لا يمكن أن يُسمى مرسومًا إن لم يوقعه وينشره رئيس الجمهورية. وبطبيعة الحال فإن صلاحية رئيس الجمهورية هي صلاحية مقيدة تُلزم الرئيس بإصدار ونشر المراسيم الذي هو واجب عليه يقيّده به الدستور، اذ يجب عليه في هذه الحالة اصدار المرسوم، إذ لا يمكن أن يُصدر مرسوم من دون توقيع رئيس الجمهورية. والمرسوم هو القرار الإداري النافذ وبه يُطعن. إن إناطة السلطة الإجرائية بمجلس الوزراء لا تعني بتاتًا إلغاء الآلية الإدارية التي كان ينص عليها الدستور قبل تعديله ذلك أن قرارات مجلس الوزراء لم تتغيَّر طبيعتها بعد تعديل الدستور وهي أعمال تحضيرية لا تكون نافذة في ذاتها، بل يجب أن تتجسد

بمراسيم. إن قرار مجلس الوزراء نهائي الا أن ما يُعوِزه ليصير نافذًا هو صدور مرسومٍ عن رئيس الجمهورية الذي لا يمتلك في المقابل سلطة استنسابية في تقدير اصداره وطلب نشره او عدم اصداره. بل إن سلطة رئيس الجمهورية مقيّدة تمامًا بين ردّ القرار الذي يتخذه مجلس الوزراء بغية اعادة النظر فيه اذا وجده ينطوي على مخالفة للقانون او للمصلحة العامة، وبين الموافقة عليه واصداره وطلب نشره. وفي الحالين ثمة صلاحية مقيّدة لرئيس الجمهورية في الإصدار والنشر سواء وافق على القرار أو طلب إلى مجلس الوزراء إعادة النظر فيه واستجاب المجلس طلبه هذا ليُصار من ثم إلى اصداره وطلب نشره. على أن تجاوز رئيس الجمهورية المهلة الدستورية الممنوحة له لطلب إعادة النظر فيه من غير أن يبادر إلى استعمالها، يفقده صلاحية اصداره. حيث إن تخطي رئيس الجمهورية حدود الصلاحية المقيّدة يعرّضُه لتهمة مخالفته الدستور والملاحقة أمام المجلس الأعلى لمحاكمة الرؤساء والوزراء. فإن سلطة رئيس الجمهورية الاستنسابية في ظل دستور ما قبل ١٩٩٠، أضحت مقيَّدة بواجب الإصدار والنشر ممّا يعني أن الإصلاح الدستوري تبعًا لاتفاق الطائف جعل قرارات مجلس الوزراء نهائية وملزمة لرئيس الجمهورية، لكنها لا تصير نافذة تجاه الغير ولا يكون في وسع هؤلاء التذرع بها، ما لم تصدر بمرسوم مكتمل العناصر التي تتيح الطعن به بعد اكتسابه كل مفاعيله القانونية، على غرار صدور القانون عملًا بالمادة (٥٧) من الدستور. فرئيس الجمهورية هو الذي يُكسب القرار طبيعته القانونية عبر إصداره بمرسومٍ وطلب نشره لئلا يتحمل تِبعًا لذلك مسؤولية مخالفة الدستور. يراجع في هذا الخصوص:

> ***Ces attributions (les attributions administratives du chef de l'Etat et des ministres du gouvernement) se traduisent notamment par l'édiction de décisions, dont les auteurs sont toujours des autorités individuelles : Le président de la République, le premier ministre, un ministre (ou plusieurs ministres agissant conjointement et non collégialement). C'est dire notamment qu'il n'y a pas de décisions qui émaneraient, juridiquement, d'une autorité collégiale qui serait « le gouvernement » ou « le conseil des ministres.***[4]

---

4 René CHAPUS, *Droit administratif général*, Montchrestien, Paris, 15ème éd. 2001, T .1, p. 207, n° 260.

وبالتالي يقتضي مواءَمة النصوص الدستورية ذات الصلة مع هذه المبادئ بحيث يجري اعتماد العبارات والصياغات التي تظهر بشكل واضح كيفية توزع الاختصاصات في العملية المركّبة التي تفضي إلى إقرار وإصدار ونشر القرارات الإدارية.

هذا من ناحية، ومن ناحية اخرى جرى تحديد آلية انتخاب رئيس الجمهورية وتكليف رئيس مجلس الوزراء وتشكيل الحكومة عبر لحظ آليات ومهل تُبعد امكانية التعطيل والعبث بالاستحقاقات قدر الإمكان بغية تأمين استمرارية السلطة على افضل وجه ومنع إطالة أمد الشغور الرئاسي وتصريف الأعمال الوزارية على ما هو حاصل في هذه الأيام بشكل يتجاوز أي حدّ معقول.

٢. في العلاقة بين السلطتين التشريعية والتنفيذية :

أ. لناحية التشريع :

حرص مشروع التعديل الدستوري المقترح على توضيح آلية تقديم ومناقشة واقرار مشاريع واقتراحات القوانين وتعزيزها بما يخدم جودة التشريع ورصانته. فجرى تحديد صلاحيات السلطة التنفيذية لناحية التدخل في العملية التشريعية تأمينًا لفاعليتها فضلًا عن تأطير ادخال التعديلات على مشاريع واقتراحات القوانين. كما يسعى مشروع التعديل الدستوري إلى إعادة إحياء التفويض التشريعي بما يتلاءم مع متطلبات الإدارة العصرية للمجتمعات.

ب. لناحية التوازن بين السلطات :

تأمينًا وتفعيلًا لمبدأ التوازن والتعاون بين السلطات، أعاد التعديل الدستوري اخراج حق حلّ مجلس النواب من سباته العميق عبر منح هذه الصلاحية بشكل منفرد إلى رئيس الدولة كوسيلة تمكنه لدى استفحال الأزمات من اللجوء إلى الحكم الأسمى صاحب السيادة ومصدر السلطات وهو الشعب اللبناني لفضّها. كما مكّن المشروع المقترح الحكومة من عقد مسؤوليتها لدى مناقشة مشاريع القوانين التي

تتقدم بها . فضلًا عن الحرص على فصل النيابة عن الوزارة بما يؤمن صحّة الرقابة على الحكومة التي تمارسها السلطة التشريعية .

٣ . في طبيعة علاقة السلطة القضائية مع بقية السلطات :

إن التعديل المقترح للمادة (٢٠) من الدستور ينطلق من مسلمة أن استقلال القضاء يتحقق ويتعزّز من خلال تحصين قيام القضاة بوظيفتهم عن طريق إزالة أي حدّ أو عائق لسلطانهم القضائي عند فصلهم النزاعات المفروضة عليهم ، بمعنى أن الاستقلالية تنحصر بالوظيفة القضائية ، أي عند قيام السلطة القضائية بمهماتها ، ولا تنسحب على إنشاء هذه السلطة وتدبير أمورها الذاتية أي الأمور التي تتصل بحياة القضاة المهنية كتعيينهم وتشكيلاتهم والتدابير المسلكية الخاصة بهم ، إذ تبقى خاضعة لرقابة السلطة التنفيذية وفق ما حدّدته أحكام الدستور مع توفير الضمانات اللازمة لهم في هذا الشأن من خلال تعزيز الهيئات الإدارية التي تسهر على استقلالية القضاء وحسن سير العمل فيه فضلا عن جعل صلاحية السلطة التنفيذية مقيّدة تجاه قرارات هذه الهيئات من نواح عديدة .

* * *

اقتراح مشروع قانون دستوري يرمي إلى
إجراء بعض التعديلات على الدستور

المادة الأولى : تعدّل أحكام الدستور وفقا لما يأتي:

الباب الأول
أحكام أساسية

مقدمة الدستور: تُعدّل البنود «ز» و «ح» و«ي» كما يأتي :

أ - لبنان وطن سيد حرّ مستقل ، وطن نهائي لجميع أبنائه ، واحد أرضا وشعبا ومؤسّسات في حدوده المنصوص عنها في هذا الدستور والمعترف بها دوليًا .

ب - لبنان عربي الهوية والانتماء وهو عضو مؤسّس وعامل في جامعة الدول العربية وملتزم مواثيقها ، كما هو عضو مؤسّس وعامل في منظمة الأمم المتحدة وملتزم مواثيقها والإعلان العالمي لحقوق الإنسان . وتجسد الدولة هذه المبادئ في جميع الحقوق والمجالات دون استثناء .

ج - لبنان جمهورية ديمقراطية برلمانية ، تقوم على احترام الحريات العامة وفي طليعتها حريّة الرأي والمعتقد ، وعلى العدالة الاجتماعية والمساواة في الحقوق والواجبات بين جميع المواطنين ، دون تمييز أو تفضيل .

د - الشعب مصدر السلطات وصاحب السيادة يمارسها عبر المؤسّسات الدستورية .

هـ - النظام قائم على مبدأ الفصل بين السلطات وتوازنها وتعاونها .

و - النظام الاقتصادي حرّ يكفل المبادرة الفردية والملكية الخاصة .

ز - الإنماء المتوازن والمتناسب للمناطق ثقافيًا واقتصاديًا واجتماعيًا ركنٌ أساسي من أركان وحدة الدولة واستقرار النظام فيها .

ح - تجاوزُ الطائفيةِ السياسية هدفٌ وطني أساسي يقتضي العمل على تحقيقه وفق خطة مرحلية .

ط - ارض لبنان ارض واحدة لكل اللبنانيين . فلكل لبناني الحق في الإقامة على أي جزء منها والتمتع به في ظل سيادة القانون ، فلا فرز للشعب على أساس أي انتماء كان ، ولا تجزئة ولا تقسيم ولا توطين .

ي - يعتبر الدستور ومندرجاته الضمانة الوحيدة والحصرية للعيش المشترك بين اللبنانيين .

الفصل الأول
في الدولة وأراضيها

المادة ١ : تعدّل كما يأتي :

لبنان دولة مستقلة ذات وحدة لا تتجزأ وسيادة تامة . أما حدوده فهي التي تحدّه حاليًا:

شمالاً: من مصب النهر الكبير على خط يرافق مجرى النهر إلى نقطة اجتماعه بوادي خالد الصاب فيه على علو جسر القمر.

شرقًا: خط القمة الفاصل بين وادي خالد ووادي نهر العاصي (أورنت) مارًا بقرى معَيصرة ، حَرِبعاتة ، هَيت ، ابش ، فيصان على علوّ قريتي برينا ومطربا ، وهذا الخط تابع حدود قضاء بعلبك الشمالية من الجهة الشمالية الشرقية والجهة الجنوبية الشرقية ثم حدود أقضية بعلبك والبقاع وحاصبيا وراشيا الشرقية.

جنوبًا: حدود أقضية صور وبنت جبيل ومرجعيون على ما جرى إقراره في اتفاق بوله-نيوكومب تاريخ ٧ آذار ١٩٢٣ .

غربًا: البحر المتوسط

المادة ٣ : تصبح كما يأتي :

يَعتمِد التنظيم الإداري في لبنان اللامركزية الإدارية تعزيزا للمُمارسة الديمقراطية المحلية ولحسن سَير العمل الإداري . لا يجوز تعديل حدود المناطق الإدارية إلا بموجب قانون .

الفصل الثاني
في اللبنانيين وحقوقهم وواجباتهم

المادة ٧ : تعدّل كما يأتي :

اللبنانيون كافة ، ذكورًا وإناثًا ، متساوون أمام القانون وهم يتمتعون بالسواء بالحقوق المدنية والسياسية ويتحملون الفرائض والواجبات العامة دونما تمييز بينهم .

المادة ٨ : تعدّل كما يأتي :

الحريّة الشخصية مصونة وفي حمى القانون ، ولا يجوز أن يُقبض على أحد أو يُحبس أو يوقف أو أن تُحدّد إقامته أو تقيد حريته في التنقل أو أن يخضع لإجراءات أمن أو تحقيق إلا وفقا لأحكام القانون ، ولا يجوز تحديد جرم أو تعيين عقوبة إلا بمقتضى القانون .

المادة ٩ : تعدّل كما يأتي :

حريّة الاعتقاد مطلقة والدولة بتأديتها فروض الإجلال لله تعالى تحترم جميع الأديان والمذاهب وتكفل حريّة الضمير وحريّة إقامة الشعائر الدينية تحت حمايتها ، على ألا يكون في ذلك إخلال بالنظام العام . والدولة تضمن أيضا للمواطنين على اختلاف طوائفهم ، احترام نظام الأحوال الشخصية والمصالح الدينية ، ولها أيضا في هذا الإطار ، أن تنظم الأحوال الشخصية المدنية بقوانين لا تتعارض مع حريّة المعتقد .

المادة ١٠ : تصبح كما يأتي :

التعليم حق للمواطن والتعلُّم واجب عليه ، والتعليم إلزامي بالتساوي لجميع المواطنين حتى نهاية المرحلة التكميلية . والتعليم الرسمي مجاني وعلى الدولة إنشاء المدارس والمعاهد والجامعات والمؤسّسات التربوية اللازمة لتأمينه بشكل سليم وجيد . والتعليم حرّ في إطار ترسيخ الوحدة الوطنية والالتزام بالنظام العام والآداب العامة . ولا يمكن أن تمس حقوق الطوائف لجهة إنشاء مدارسها الخاصة ، على أن تتقيد في ذلك بالأنظمة العامة التي تصدرها الدولة .

المادة ١٢ : تعدّل كما يأتي :

لكل لبناني ولبنانية الحق في تولي الوظائف العامة ولا ميزة لأحد على الآخر إلا من حيث الاستحقاق والجدارة حسب الشروط التي ينصّ عليها القانون وذلك وفق نظام خاص يضمن حقوق الموظفين في الدوائر التي ينتمون إليها .

المادة ١٣ : تعدّل كما يأتي :

حريّة إبداء الرأي قولًا وكتابة وحريّة الصحافة والطباعة والنشر ، وحريّة الاجتماع وحريّة تأليف الجمعيات كلها مكفولة ضمن دائرة القانون .

الباب الثاني
السلطات

الفصل الأول
أحكام عامة

المادة ١٦ : تصبح كما يأتي :

تتولى السلطة المشترعة هيئتان هما مجلس الشيوخ ومجلس النواب وذلك مع مراعاة أحكام المادة (٣٠) .

المادة ١٨ : تلغى ويستعاض عنها بالنص الآتي :

لرئيس الجمهورية ، بعد موافقة مجلس الوزراء ، وللنواب حق اقتراح القوانين . ولا ينشر قانون ما لم يقرّه مجلس النواب كما ومجلس الشيوخ في المواضيع المنصوص عنها في المادة (٣٠) .

وفي هذه الحال ، تدرس وتناقش مشاريع واقتراحات القوانين تباعا في مجلس النواب أولا ومن ثم في مجلس الشيوخ على أن تقرّ في كلا المجلسين بصورة متطابقة .

تلتئم حكمًا وفورا لجنة مختلطة مؤلفة من عدد متساو من الشيوخ والنواب معيّنين من هيئة مكتب كل من المجلسين تكلّف اقتراح نص حول الأحكام الباقية قيد المناقشة فيما يتعلق

باقتراح أو مشروع قانون لم يُقرّ بعدَ قراءتين من كل مجلس نتيجة خلاف بين المجلسين .

إذا لم تتوصّل اللجنة المختلطة إلى إقرار نص مشترك ، أو لم يصادق على هذا النص من قبل كلا المجلسين ، يسقط مشروع أو اقتراح القانون نهائيا .

ويجوز للحكومة ، بغية تنفيذ برنامجها ، الطلب من مجلس النواب كما ومجلس الشيوخ في المواضيع المنصوص عنها في المادة (٣٠) ، تفويضها لمدة محددة إصدار مراسيم اشتراعية تتضمن مواضيع هي من اختصاص القانون .

تصدر المراسيم الاشتراعية بعد موافقة مجلس الوزراء واستشارة مجلس شورى الدولة على أن يعطي الأخير رأيه في مهلة أقصاها ثلاثين يوما من تاريخ طلب الاستشارة ، ويصادق عليها مجلس النواب كما ومجلس الشيوخ في حال تناولت إحدى المواضيع المنصوص عنها في المادة (٣٠) عبر إقرار مشروع قانون المصادقة الذي يتوجب إحالته إلى البرلمان قبل انقضاء المهلة المحدّدة في قانون التفويض تحت طائلة اعتبار المراسيم الاشتراعية التي يجب أن يتضمنها باطلة .

المادة ١٩ : تعدّل ويضاف إليها الفقرات الآتية :

يتولى المجلس الدستوري مراقبة دستورية القوانين والبت في النزاعات والطعون الناشئة عن الانتخابات الرئاسية وأعضاء مجلسي الشيوخ والنواب . تتمتع قراراته بقوة القضية المحكوم بها . وهي ملزمة لجميع السلطات العامة ، وللمراجع القضائية والإدارية ، وتنشر في الجريدة الرسمية .

يعود حق مراجعة هذا المجلس في ما يتعلق بمراقبة دستورية القوانين إلى كل من رئيس الجمهورية ورئيس مجلس الشيوخ ورئيس مجلس النواب ورئيس مجلس الوزراء وإلى عشرة أعضاء من مجلس النواب ، والى رؤساء الطوائف المعترف بها قانونا في ما يتعلق بالأحوال الشخصية ، وحريّة المعتقد وممارسة الشعائر الدينية ، وحريّة التعليم الديني .

كما لوسيط الجمهورية ونقابة المحامين في لبنان حق المراجعة في ما يتعلق حصرا بالحقوق والحريات التي يكفلها الدستور .

ويمارس المجلس الدستوري عفوا رقابة على دستورية القوانين التي تُنشِئُهُ وتنظم عمله الداخلي وعلى النظام الداخلي لكل من مجلس الشيوخ ومجلس النواب ومجلس الوزراء وقوانين انتخاب رئيس الجمهورية وأعضاء مجلس الشيوخ ومجلس النواب وقوانين تنظيم

القضاء وقانون أصول المحاكمات لدى المجلس الأعلى لمحاكمة الرؤساء والوزراء ، وقانون الموازنة العامة وقانون الجنسية وقانون التنظيم الإداري العام واللامركزية الإدارية ونظام الموظفين العام ، وذلك فور نشرها أصولا .

ويتألف المجلس الدستوري من تسعة أعضاء مدّة ولايتهم ست سنوات غير قابلة للتجديد ولا للاختصار بشكل مطلق ، يعيّنون كالتالي:

- عضو يعيّنه رئيس الجمهورية بمرسوم ويكون حكمًا رئيسا للمجلس ،
- عضوان يعيّنهما مجلس الشيوخ وذلك بالأكثرية المطلقة من الأعضاء في الدورة الأولى وإلا بالأكثرية العادية في الدورة التي تلي .
- عضوان يعيّنهما مجلس النواب وذلك بالأكثرية المطلقة من الأعضاء في الدورة الأولى وإلا بالأكثرية العادية في الدورة التي تلي .
- عضوان يعيّنهما مجلس الوزراء ،
- عضو يعيّنه المجلس الأعلى للقضاء بالأكثرية المطلقة من أعضائه من بين ثلاثة أسماء يَجري انتخابهم من قبل هيئة ناخبة مؤلفة من جميع القضاة العدليين العاملين .
- عضو يعيّنه المجلس الأعلى للقضاء الإداري من بين ثلاثة أسماء يَجري انتخابهم من قبل هيئة ناخبة مؤلفة من جميع القضاة الإداريين والماليين العاملين .

تحدد قواعد تنظيم المجلس ومراجعته بموجب قانون .

المادة ٢٠ : تعدّل ويضاف إليها الفقرة الآتية :

السلطة القضائية تتولاها المحاكم على اختلاف درجاتها واختصاصاتها ضمن نظام ينص عليه القانون وتُحفظ بموجبه للقضاة والمتقاضين الضمانات اللازمة . أما شروط الضمانة القضائية وحدودها فيعينها القانون . والقضاة مستقلون في إجراء وظيفتهم على ألا تخصّص وظيفة قضائية لقاض ، بحيث يُعمد إلى إجراء تشكيلات عامة وشاملة في القضاء العدلي كل أربع سنوات كحد اقصى يستثنى منها فقط الرئيس الأول لمحكمة التمييز والنائب العام لدى محكمة التمييز ورئيس وأعضاء هيئة التفتيش القضائي والنائب العام المالي .

وتكون التشكيلات القضائية التي تقرّرها الهيئات القضائية المختصة ، أصولا ، ملزمة ونهائية للسلطات الدستورية كافة لا سيما المولجة إعطاءها صيغة النفاذ بحيث يتوجّب صدور

المرسوم ذات الصلة خلال مهلة أقصاها شهر من تاريخ إقرارها النهائي من قبل هذه الهيئات.

تصدُر القرارات والأحكام من قبل كل المحاكم وتنفَّذ باسم الشعب اللبناني.

المادة ٢١ : تصبح كما يأتي :

لكل مواطن لبناني بلغ من العمر ثماني عشرة سنة كاملة حق في أن يكون ناخبًا ، على أن تتوفّر فيه الشروط المطلوبة بمقتضى قانون الانتخاب.

الفصل الثاني
السلطة المشترعة

المادة ٢٢ : تلغى ويستعاض عنها بالنص الآتي :

يؤلف مجلسٌ للشيوخ من مئة واثني عشر عضوا منتخبين ومعينين وفقا للقواعد التالية:

١ - بالتساوي بين المسيحيين والمسلمين.

٢ - نسبيا بين طوائف كل من الفئتين.

٣ - يشكل ناخبو كل طائفة دائرة انتخابية تتولّى انتخاب الشيوخ المخصصين بموجب المادة (٩٦) لكل طائفة انتخابا وذلك وفق نظام الاقتراع النسبي وفق قاعدة الكسر الأكبر ضمن لوائح مقفلة في حال كان عدد الشيوخ في الدائرة الانتخابية يزيد عن شيخ واحد ونظام الاقتراع الأكثري على دورة واحدة في حال خُصّصت الطائفة بمقعد واحد.

يتولى رؤساء الطوائف تعيين الشيوخ المخصّصين بموجب المادة (٩٦) لكل طائفة تعيينا وذلك من رجال الدين حصرا ، على أن يلتئم رؤساء طوائف الأقليات في مجمع انتخابي لاختيار الشيخ المخصص لها على أن يعيَّن شيخا من ينال الأكثرية المطلقة من الأصوات.

المادة ٢٣ : يحل النص الآتي محل نص المادة ٢٣ الملغاة :

يشترط على عضو مجلس الشيوخ أن يكون لبنانيا بالغا من السن أربعين سنة كاملة. تكون ولاية مجلس الشيوخ ست سنوات. يحدد قانون انتخاب أعضاء مجلس الشيوخ شروط أهلية المنتخَبين ، والمعيَّنين ، وتفاصيل انتخابهم ، وتعيينهم.

المادة ٢٤ : تلغى ويستعاض عنها بالنص الآتي :

يتألف مجلس النواب من نواب منتخبين خارج القيد الطائفي ، وفق النظام الأكثري ، على دورة واحدة بحيث يعود للناخب ضمن الدائرة الانتخابية أن ينتخب شخصا واحدا .

لا يجوز أن تتضمن الدائرة الانتخابية أقل من خمسة مقاعد وأكثر من ثمانية على ألا يتجاوز عدد المقاعد النيابية مئة واثني عشر مقعدا (١١٢) .

يحدد قانون انتخاب أعضاء مجلس النواب وعددهم وشروط أهلية ترشيحهم ، وتفاصيل انتخابهم ، ويمكن أن يخصّص عدد من المقاعد النيابية للبنانيين المقيمين في الخارج .

المادة ٢٥ : تعدّل كما يأتي :

إذا تمّ حلّ مجلس النواب وجب أن يشتمل مرسوم الحلّ على دعوة لإجراء انتخابات جديدة . وهذه الانتخابات تجري وفقا للمادة الرابعة والعشرين (٢٤) وتنتهي في مدة لا تتجاوز الثلاثة أشهر من تاريخ صدور مرسوم الحل .

الفصل الثالث
أحكام عامة

المادة ٢٦ : تصبح كما يأتي :

بيروت مركز الحكومة والبرلمان .

المادة ٢٧ : تصبح كما يأتي :

عضو مجلس الشيوخ يمثل طائفته داخل الأمة ولا يجوز أن تربط وكالة الشيخ بقيد أو شرط من قبل منتخبيه أو ممّن عيّنه . أما عضو مجلس النواب فيمثل الأمة جمعاء ولا يجوز أن تربط وكالته بقيد أو شرط من قبل منتخبيه .

المادة ٢٨ : تلغى ويستعاض عنها بالنص الآتي :

باستثناء رئيس ونائب رئيس مجلس الوزراء ، لا يجوز الجمع بين عضوية مجلس الشيوخ وعضوية مجلس النواب ووظيفة الوزارة . أما الوزراء فيجوز انتقاؤهم من أعضاء البرلمان أو

من أشخاص خارجين عنه أو من كليهما. يعتبر مستقيلا حكمًا من البرلمان الشيخ أو النائب الذي يعين وزيرا بعد انقضاء ٢٤ ساعة على صدور مرسوم التشكيل أو التعيين ما لم يتقدّم باستقالته من الوزارة خلال المهلة المذكورة.

المادة ٢٩ : تصبح كما يأتي:

إن الأحوال التي تُفقد معها الأهلية للمشيخة أو للنيابة يعينها القانون.

المادة ٣٠ : تلغى ويستعاض عنها بالنص الآتي:

تحصر صلاحيات مجلس الشيوخ في مجال التشريع في القضايا المصيرية التالية: قانون انتخاب أعضاء مجلس الشيوخ ومجلس النواب، قانون حالة الطوارئ، قانون الدفاع، الاتفاقيات والمعاهدات الدولية المنصوص عنها في المادة (٥٢)، قوانين الأحوال الشخصية، قانون الموازنة والقوانين المالية، قانون الجنسية، قوانين التنظيم الإداري واللامركزية الإدارية، القوانين المتعلقة بحريّة المعتقد وحريّة ممارسة الشعائر الدينية وحريّة التعليم الديني وبالحريات الواردة في المادة (١٣). أما الموافقة على إعلان الحرب فيتم بقرار.

المادة ٣١ : تصبح كما يأتي:

العقود، عادية كانت أم استثنائية، هي واحدة للمجلسين وكل اجتماع يعقده أحدهما أو كلاهما في غير المواعيد القانونية يعد باطلا حكمًا ومخالفا للقانون.

المادة ٣٢ : تلغى ويستعاض عنها بالنص الآتي:

يجتمع المجلسان في عقد عادي واحد يبدأ في الأول من شهر تشرين الأول وتتوالى جلساته حتى نهاية شهر حزيران.

المادة ٣٣ : تصبح كما يأتي:

إن افتتاح العقود العادية واختتامها يجريان حكمًا في المواعيد المبيّنة في المادة الثانيةَ والثلاثين (٣٢). ولرئيس الجمهورية بناء على اقتراح رئيس الحكومة أن يدعو المجلسين إلى عقود استثنائية بمرسوم يحدد افتتاحها واختتامها وبرنامجها بشكل حصري. وعلى رئيس الجمهورية دعوة المجلسَين إلى عقود استثنائية إذا طلبت ذلك الأكثرية المطلقة من مجموع أعضاء كل من المجلسَين.

المادة ٣٤ : تصبح كما يأتي :

لا يكون اجتماع أي من المجلسين قانونيا ما لم تحضره الأكثرية من الأعضاء الذين يؤلفونه وتُتخذ القرارات بغالبية الأصوات. وإذا تعادلت الأصوات سقط المشروع المطروح للمناقشة.

المادة ٣٥ : تصبح كما يأتي :

جلسات المجلسَين علنية على أن لكل منهما أن يجتمع في جلسة سرية بناءً على طلب الحكومة أو عُشر أعضائه، ولكل منهما أن يقرّر إعادة المناقشة في جلسة علنية في المبحث عينه.

المادة ٣٦ : تعدّل كما يأتي :

تُعطى الآراء بالتصويت الشفوي أو بطريقة القيام والجلوس إلا في الحالة التي يُراد فيها الانتخاب فتُعطى الآراء بطريقة الاقتراع السري. أما فيما يختص بالقوانين عمومًا أو بالاقتراع على مسألة الثقة فإن الآراء تُعطى دائمًا إما بالمناداة على الأعضاء بأسمائهم وبصوت عال أو بواسطة التصويت الإلكتروني على أن يتضمن محضر الجلسة النتائج التفصيلية لتصويت كل عضو في أي من المجلسَين.

يجري التصويت على مشاريع أو اقتراحات القوانين مادة، مادة، على أن يطرح الموضوع بمجمله على التصويت بعد التصويت على المواد. يجوز التصويت بمادة وحيدة على مشاريع أو اقتراحات القوانين في حال قرّرت الهيئة العامة لأي من المجلسين ذلك بالأكثرية. ولا يجوز تقديم التعديلات على مواد مشاريع أو اقتراحات القوانين أثناء المناقشة من قبل الحكومة أو أعضاء البرلمان إلا بصورة خطيّة.

المادة ٣٧ : تعدّل كما يأتي :

حق طلب عدم الثقة مطلق لكل نائب في العقد العادي وفي العقود الاستثنائية، ولا تجري المناقشة في هذا الطلب ولا يقترع عليه إلا بعد انقضاء خمسة أيام على الأقل من تاريخ ايداعه أمام هيئة مكتب المجلس وابلاغه الوزراء المقصودين بذلك.

يحق لعِشر أعضاء مجلس الشيوخ أن يتقدّم بمذكرة حجب ثقة وفق الشروط المنصوص عليها في الفقرة السابقة.

كما يحق لرئيس الحكومة، بناء على قرار مجلس الوزراء، أن يتقدّم أمام مجلس النواب بسؤال ثقة أو أن يعلّق الثقة على إقرار مشروع قانون تقدّمت به الحكومة، وفي هذه الحال

يُعتبر رفض المشروع نزعا للثقة بالحكومة. على أنه لا يجوز تعليق الثقة أمام مجلس النواب أو مجلس الشيوخ على مشروع قانون يتضمّن إحدى المواضيع المنصوص عنها في المادة (٣٠) باستثناء القوانين المالية.

المادة ٣٨ : تصبح كما يأتي:

كل مشروع أو اقتراح قانون لم ينل موافقة البرلمان لا يمكن أن يطرح ثانية للبحث في العقد عينه. ويحق للحكومة في أي وقت استرداد مشاريع القوانين قبل التصويت عليها نهائيا بواسطة مرسوم يتّخذ بعد موافقة مجلس الوزراء.

المادة ٣٩ : تصبح كما يأتي:

لا يجوز اقامة دعوى جزائية على أي عضو من أعضاء البرلمان بسبب الآراء والأفكار التي يبديها مدة ولايته.

المادة ٤٠ : تعدّل كما يأتي:

لا يجوز اثناء دور الانعقاد اتخاذ أي تدبير جزائي بحق أي عضو من أعضاء البرلمان بحيث لا يجوز أن يتم إلقاء القبض عليه أو حبسه أو توقيفه أو تقييد حريته في التنقل أو تحديد إقامته وإخضاعه لأي إجراءات أمنية إذا اقترف جرما جزائيا ألا بإذن الأكثرية النسبية من أعضاء المجلس الذي ينتمي إليه ما خلا حالة الجرم المشهود.

المادة ٤١ : تعدّل ويضاف إليها الفقرة الآتية:

إذا خلا مقعد في أي من المجلسين يجب الشروع بانتخاب الخلف أو تعيينه حسب مقتضى الحال في خلال شهرين. أما إذا كان الباقي من مدة المجلس أقل من ستة أشهر، فلا يعمد إلى انتخاب أو تعيين خلف.

على أنه يجب على كل من قانون انتخاب وتعيين أعضاء مجلس الشيوخ وقانون انتخاب أعضاء مجلس النواب أن يلحظ نظام الشيخ أو النائب الرديف بموازاة كل شيخ أو نائب أصيل بحيث تلغى حينها أحكام الفقرة الأولى ويستعاض عنها بأن يحلّ الشيخ أو النائب الرديف محلّ الشيخ أو النائب الأصيل عند شغور مقعده لأي سبب كان لا سيما في الحالة التي يُضْحي فيها الشيخ أو النائب الأصيل مستقيلا حكمًا من عضوية البرلمان لتوليّه الوزارة عملا بأحكام المادة (٢٨) من

الدستور ، ويحلّ عندها الشيخ أو النائب الرديف محلّ الشيخ أو النائب الأصيل طيلة الفترة المتبقية من ولايته .

المادة ٤٢ : تصبح كما يأتي :

تجري الانتخابات العامة لتجديد هيئة المجلسين أو تعيين الشيوخ غير المنتخبين في خلال الستين يومًا السابقة لانتهاء مدة ولايتهما .

المادة ٤٣ : تصبح كما يأتي :

لكل من المجلسين أن يضع نظامه الداخلي بقرار يخضع حكمًا لرقابة المجلس الدستوري .

المادة ٤٤ : تعدّل ويضاف إليها الفقرة الآتية :

في كل مرة يجدد كل من المجلسين ولايته يجتمع برئاسة أكبر أعضائه الحاضرين سنًا ويقوم العضوان الأصغر سنًا بينهم بوظيفة أميني سرّ. ويعمد الى انتخاب الرئيس ونائب الرئيس ، كل منهما على حدة ، لمدة ولاية كل من المجلسين وذلك بالاقتراع السري وبالغالبية المطلقة من أصوات المقترعين. وتبنى النتيجة في دورة الاقتراع الثالثة على الغالبية النسبية ، وإذا تساوت الأصوات فالأكبر سنًا يعدّ منتخبًا .

وفي كل مرة يجدد أي من المجلسين انتخابه ، وعند افتتاح العقد العادي في الأول من تشرين الأول من كل عام ، يعمد إلى انتخاب أمينَي سر وثلاثة مفوّضين بالاقتراع السري وبورقة واحدة لكل من الفئتين ، وفقًا للغالبية المنصوص عنها في الفقرة الأولى من هذه المادة.

لأي من المجلسَين ، ولمرّة واحدة ، بعد عامين من انتخاب رئيسه ونائب رئيسه وفي أول جلسة يعقدها أن يقيل رئيسه أو نائبه بالأكثرية المطلقة من أعضائه بناء على عريضة يوقعها عشرة شيوخ أو نواب على الأقل توجّه إلى هيئة مكتب المجلس المعني . وفي حال تمت التنحية ، على المجلس أن يلتئم حكمًا وفورا في جلسة لمَلء المركز الشاغر .

لا يجوز انتخاب الشيخ أو النائب ذاته لرئاسة أحد المجلسين لأكثر من دورتين متتاليتين بحيث لا يجوز إعادة انتخابه إلا بعد انقضاء ولاية واحدة على الأقل وعلى ألا تقل مدتها عن الأربع سنوات لمجلس النواب .

المادة ٥٣ : تعدّل ويضاف إليها الفقرات الآتية :

١- يترأس رئيس الجمهورية مجلس الوزراء عندما يشاء دون أن يشارك في التصويت .

٢- يسمي رئيس الجمهورية ، استنادًا إلى استشارات نيابية ملزمة يشترك فيها أعضاء مجلس النواب ، رئيس الحكومة المكلّف خلال مهلة أقصاها شهر من تاريخ اعتبار الحكومة مستقيلة أو تاريخ اعتذار رئيس الحكومة المكلف عن تشكيل الحكومة .

٣- يُصدر مرسوم تسمية رئيس مجلس الوزراء منفردًا .

٤- يُصدر بناء على اقتراح رئيس مجلس الوزراء مرسوم تشكيل الحكومة ومراسيم إقالة الوزراء وقبول استقالتهم وتبديل حقائبهم الوزارية .

٥- يُصدر منفردًا المراسيم بقبول استقالة الحكومة أو اعتبارها مستقيلة وبحلّ مجلس النواب .

٦- يُصدر بمراسيم مشاريع القوانين التي يوافق عليها مجلس الوزراء ويحيلها إلى البرلمان .

٧- يعتمد السفراء ويقبل اعتمادهم .

٨- يُصدر مراسيم تعيين موظفي الدولة وصرفهم وقبول استقالتهم وفق القانون أما المراسيم العائدة لموظفي الفئة الأولى وما يعادلها وتلك التي يحدّدها القانون فتصدر بعد موافقة مجلس الوزراء .

٩- يمنح ، وفق القانون ، الجنسية بمرسوم .

١٠- يُعلن الحرب بمرسوم بعد موافقة كل من مجلسَي البرلمان ومجلس الوزراء .

١١- يترأس الحفلات الرسمية ويمنح أوسمة الدولة بمرسوم .

١٢- يمنح العفو الخاص بمرسوم . أما العفو الشامل فلا يمنح إلا بقانون .

١٣- يوجه ، عندما تقتضي الضرورة ، رسائل إلى البرلمان الملتئم في مجمع نيابي ، إما مباشرة وإما بواسطة رئيس مجلس الشيوخ . في هذه الحال ، وحتى خارج دورات الانعقاد العادية ، يلتئم البرلمان حكمًا وحصرا لهذه الغاية على ألا تتم مناقشة مضمون الرسالة بحضور رئيس الجمهورية .

١٤- يعرض أي أمر من الأمور الطارئة على مجلس الوزراء من خارج جدول الأعمال .

١٥- يدعو مجلس الوزراء استثنائيًا كلما رأى ذلك ضروريًا ، بالاتفاق مع رئيس الحكومة ، على أن باستطاعته دعوة مجلس الوزراء منفردا في حال تعذّر على رئيس الحكومة دعوته لأسباب خارجة عن إرادته أو في حال تمنّعه عن ذلك لفترة تزيد عن ثلاثين يوما .

المادة ٥٤ : تعدّل كما يأتي :

مقررات رئيس الجمهورية يجب أن يشترك معه في التوقيع عليها رئيس الحكومة والوزير أو الوزراء المختصّون ما خلا مرسوم تسمية رئيس الحكومة ومرسوم قبول استقالة الحكومة أو اعتبارها مستقيلة ومرسوم حلّ مجلس النواب . أما مرسوم إصدار القوانين فيشترك معه في التوقيع عليه رئيس الحكومة .

المادة ٥٥ : تعدّل كما يأتي :

يحق لرئيس الجمهورية أن يُصدر مرسوما معلّلًا بحلّ مجلس النواب قبل انتهاء ولايته النيابية وذلك بعد استشارة كل من رئيس مجلس الشيوخ ورئيس مجلس النواب ورئيس مجلس الوزراء . وفي هذه الحال تجتمع الهيئات الانتخابية وفقًا لأحكام المادة الخامسة والعشرين من الدستور ويدعى المجلس الجديد حكمًا للاجتماع في خلال الأيام الخمسة عشر التي تلي إعلان نتائج الانتخاب على أنه لا يجوز حلّ مجلس النواب خلال السنة التي تلي إجراء هذه الانتخابات .

تستمرّ هيئة مكتب المجلس في تصريف الأعمال حتى انتخاب مجلس جديد .

وفي حال عدم إجراء الانتخابات ضمن المهلة المنصوص عنها في المادة الخامسة والعشرين من الدستور يعتبر مرسوم الحلّ باطلًا وكأنه لم يكن ، ويستمر مجلس النواب في ممارسة سلطاته وفقًا لأحكام الدستور .

المادة ٥٦ : تعدّل كما يأتي :

يُصدر رئيس الجمهورية القوانين التي تمّتْ الموافقة النهائية عليها في خلال شهر بعد احالتها إليه بواسطة الحكومة ويطلب نشرها . أما القوانين التي يتّخذ مجلس النواب ، أو المجلسان في الحالات المنصوص عنها في المادة (٣٠) ، قرارًا بوجوب استعجال إصدارها ، فيجب عليه أن يصدرها في خلال خمسة أيام ويطلب نشرها .

وهو يُصدر المراسيم المتّخذة في مجلس الوزراء ، ويطلب نشرها ، وله حق الطلب إلى مجلس الوزراء إعادة النظر في أي قرار من القرارات التي يتخذها المجلس وذلك خلال خمسة عشر يومًا من تاريخ ايداعه رئاسة الجمهورية .

وإذا أصرّ مجلس الوزراء بغالبية الثلثين من أعضاء الحكومة المحدّد في مرسوم تشكيلها أو انقضت المهلة من دون إصدار المرسوم أو إعادته ، على رئيس الجمهورية إصدار المرسوم حكمًا وطلب نشره تحت طائلة اعتبار تمنّعه خرقا صريحا للدستور . يلتزم رئيس الحكومة والوزير أو الوزراء المختصّون بالتوقيع فورا على المراسيم عملا بمبدأ التضامن الوزاري .

المادة ٥٧ : تعدّل كما يأتي :

لرئيس الجمهورية ، بموجب مرسوم ، وبعد اطلاع مجلس الوزراء ، حق طلب إعادة النظر بالقانون مرة واحدة ضمن المهلة المحددة لإصداره ولا يجوز أن يرفض طلبه . وعندما يستعمل الرئيس حقه هذا يصبح في حِلّ من إصدار القانون إلى أن يوافق عليه مجلس النواب كما ومجلس الشيوخ في المواضيع المنصوص عنها في المادة (٣٠) وذلك بعد مناقشة أخرى في شأنه وإقراره بالغالبية المطلقة من مجموع الأعضاء الذين يؤلفون كلًا من المجلسين قانونًا .

وفي حال انقضاء المهلة دون إصدار القانون من قبل رئيس الجمهورية أو إعادته ، يعتبر القانون نافذًا حكمًا ويتولى رئيس مجلس الشيوخ ، بالإنابة عن رئيس الجمهورية ، إصداره وطلب نشره خلال مهلة أقصاها خمسة أيام .

المادة ٥٨ : تعدّل ويضاف إليها الفقرة الآتية :

كل مشروع قانون تقرر الحكومة كونه مستعجلًا بموافقة مجلس الوزراء مشيرة إلى ذلك في مرسوم الإحالة يمكن لرئيس الجمهورية بعد مضي أربعين يومًا من طرحه على مجلس النواب في أول جلسة تعقد ، ومضي هذه المهلة من دون أن يَبُتَّ به ، أن يُصدر مرسومًا قاضيًا بتنفيذه وذلك بعد موافقة مجلس الوزراء .

لا تدخل المدة الفاصلة فيما بين عقدين في حساب مهلة الأربعين يوما .

لا تشمل أحكام هذه المادة مشاريع القوانين التي تتناول إحدى المواضيع المنصوص عنها في المادة (٣٠) باستثناء القوانين المالية .

المادة ٥٩ : تعدّل كما يأتي :

لرئيس الجمهورية ، بموجب مرسوم معلل ، تأجيل انعقاد البرلمان إلى أمد لا يتجاوز شهرًا واحدًا وليس له أن يفعل ذلك مرتين في العقد الواحد .

المادة ٦٠ : تعدّل كما يأتي :

لا تبعة على رئيس الجمهورية حال قيامه بوظيفته إلا عند خرقه الدستور أو في حال الخيانة العظمى .

أما التبعة فيما يختص بالجرائم العادية فهي خاضعة للقوانين العامة . ولا يمكن اتهامه بسبب

هذه الجرائم أو لعلّتي خرق الدستور والخيانة العظمى إلا من قبل مجلس النواب بموجب قرار يصدره بغالبية ثلثي مجموع أعضائه ويحاكم أمام المجلس الأعلى المنصوص عليه في المادة الثمانين ، ويُعهد في وظيفة النيابة العامة لدى المجلس الأعلى إلى النائب العام لدى محكمة التمييز .

المادة ٦٢ : تعدّل كما يأتي :

في حال خلوّ سدّة الرئاسة لأي علّة كانت تناط جميع صلاحيات رئيس الجمهورية مؤقةً وبالإنابة، باستثناء توجيه الرسائل إلى مجلس النواب ، بمجلس الوزراء .

مع مراعاة المادة (٤٩) ، لا يجوز حل مجلس النواب خلال فترة شغور سدّة رئاسة الجمهورية .

ثانيًا : رئيس مجلس الوزراء

المادة ٦٤ : تعدّل ويضاف إليها الفقرة الآتية :

رئيس مجلس الوزراء هو رئيس الحكومة يمثلها ويتكلم باسمها ويعتبر مسؤولًا عن تنفيذ السياسة العامة التي يضعها مجلس الوزراء . وهو يمارس الصلاحيات التالية:

١ - يرئس مجلس الوزراء ، ويكون حكمًا نائبًا لرئيس المجلس الأعلى للدفاع .

٢ - يجري الاستشارات النيابية لتشكيل الحكومة خلال مهلة شهر من تاريخ تكليفه رسميا بموجب كتاب ويوقّع مع رئيس الجمهورية مرسوم تشكيلها . يجوز لرئيس الحكومة المكلّف أن يطلب إلى رئيس الجمهورية تمديد المهلة المخصّصة للتشكيل شهرا إضافيا واحدا ، ولا يجوز أن يرفض طلبه . ويعتبر رئيس الحكومة المكلّف معتذرا حكمًا لدى انقضاء المهلة الأصلية أو المهلة الممدّدة من دون صدور مرسوم التشكيل . فتعاد الاستشارات النيابية الملزمة لتكليف رئيس حكومة من جديد . على الحكومة أن تتقدم من مجلس النواب ببيانها الوزاري لنيل الثقة في مهلة ثلاثين يوما من تاريخ صدور مرسوم تشكيلها . لا تمارس الحكومة صلاحياتها قبل نيلها الثقة ولا بعد استقالتها أو اعتبارها مستقيلة إلا لتصريف الأعمال .

٣ - يطرح سياسة الحكومة العامة أمام مجلس النواب .

٤- يوقع جميع المراسيم التي يصدرها رئيس الجمهورية ما عدا مرسوم تسميته رئيسًا للحكومة ومرسوم قبول استقالة الحكومة او اعتبارها مستقيلة ومرسوم حل مجلس النواب.

٥- يوقع مع رئيس الجمهورية مرسوم الدعوة إلى فتح دورة استثنائية ومرسوم تأجيل انعقاد البرلمان ومراسيم إصدار القوانين وطلب إعادة النظر فيها.

٦- يدعو مجلس الوزراء إلى الانعقاد ويضع جدول أعماله ويطلع رئيس الجمهورية مسبقًا على المواضيع التي يتضمّنها وعلى المواضيع الطارئة التي ستبحث.

٧- يتابع أعمال الإدارات والمؤسّسات العامة وينسق بين الوزراء ويعطي التوجيهات العامة لضمان حسن سير العمل.

٨- يعقد جلسات عمل مع الجهات المعنية في الدولة بحضور الوزير المختص.

٩- مع مراعاة أحكام المادة (٥١)، يؤمّن تنفيذ القوانين ويتوَلى السلطة التنظيمية بموجب مراسيم يُصدرها ويشترك معه في التوقيع عليها الوزير أو الوزراء المختصون.

ثالثًا: مجلس الوزراء

المادة ٦٥: تعدّل كما يأتي:

تناط السلطة الإجرائية بمجلس الوزراء. وهو السلطة التي تخضع لها القوات المسلحة، ومن الصلاحيات التي يمارسها:

١- وضع السياسة العامة للدولة في جميع المجالات واتخاذ القرارات اللازمة لتطبيقها، ووضع مشاريع القوانين.

٢- الإشراف على أعمال كل أجهزة الدولة من إدارات ومؤسّسات مدنية وعسكرية وأمنية بلا استثناء.

٣- الموافقة على تعيين موظفي الدولة وصرفهم وقبول استقالتهم وفق القانون.

٤- يجتمع مجلس الوزراء دوريًا ويترأس رئيس الجمهورية جلساته عندما يشاء دون أن يشترك بالتصويت. ويكون النصاب القانوني لانعقاده أكثرية أعضاء الحكومة المحدد في مرسوم تشكيلها، ويتخذ قراراته توافقيًا، فإذا تعذر ذلك فبالتصويت، ويتخذ قراراته بأكثرية الحضور.

المادة ٦٦ : تصبح كما يأتي :

لا يَلي الوزارة إلا اللبنانيون ولا يجوز تولي الوزارة إلا لمن يكون حائزًا على الشروط التي تؤهله للنيابة

يتولى الوزراء إدارة مصالح الدولة ويناط بهم تطبيق الأنظمة والقوانين كل بما يتعلق بالأمور العائدة إلى إدارته وما خصّ به . يتحمّل الوزراء إجماليًا تجاه المجلسَين تبعة سياسة الحكومة العامة ويتحمّلون افراديًا تبعة أفعالهم الشخصية .

المادة ٦٧ : تصبح كما يأتي :

للوزراء أن يحضروا إلى المجلسَين انّى شاءوا وأن يُسمعوا عندما يطلبون الكلام ولهم أن يستعينوا بمن يرَون من موظفي إداراتهم .

المادة ٦٨ : تصبح كما يأتي :

عندما يقرّر أحد المجلسَين عدم الثقة بأحد الوزراء وفقًا للمادة السابعة والثلاثين وجب على هذا الوزير أن يستقيل .

المادة ٦٩ : تصبح كما يأتي :

١ - تعتبر الحكومة مستقيلة في الحالات التالية :

أ- إذا استقال رئيسها .

ب - إذا فقدت أكثر من ثلث عدد أعضائها المحدّد في مرسوم تشكيلها .

ت - بوفاة رئيسها .

ث - عند بدء ولاية رئيس الجمهورية .

ج - عند بدء ولاية مجلس النواب .

ح - عند نزع الثقة منها من قبل أحد المجلسَين بمبادرة منه أو بناء على طرحها هي الثقة أمام مجلس النواب .

٢ - تتمّ إقالة الوزير أو تبديل حقيبته الوزارية بمرسوم يوقعه رئيس الجمهورية ورئيس الحكومة .

٣ - عند استقالة الحكومة أو اعتبارها مستقيلة يصبح البرلمان حكمًا في دورة انعقاد استثنائية محصورة لغايات منح الحكومة الثقة بعد تأليفها من قبل مجلس النواب .

المادة ٧٠ : تعدّل كما يأتي :

لمجلس النواب أن يتهم رئيس مجلس الوزراء والوزراء بارتكابهم الخيانة العظمى أو بإخلالهم بالواجبات الدستورية المترتبة عليهم والمتصلة بصورة مباشرة بممارسة مهامهم الوزارية دون أن تشمل الأفعال الجرمية المرتكبة من الوزير في معرض ممارسته لمهماته أو تلك ذات الصفة الجرمية الفاضحة ، التي تؤلف تحويلا للسلطة عن طريق إحلال المصلحة الخاصة مكان المصلحة العامة ، ولا يجوز أن يصدر قرار الاتهام إلا بالغالبية المطلقة من مجموع أعضاء المجلس. ويحدد قانون خاص شروط مسؤولية رئيس مجلس الوزراء والوزراء الحقوقية .

الباب الثالث
أ – انتخاب رئيس الجمهورية

المادة ٧٣ : تصبح كما يأتي :

قبل موعد انتهاء ولاية رئيس الجمهورية بمدة شهر على الأقل أو شهرين على الأكثر يلتئم المجلسان في مجمع نيابي بناءً على دعوة من رئيس مجلس الشيوخ لانتخاب الرئيس الجديد . وإذا لم يُدعَ المجمع النيابي لهذا الغرض فإنه يجتمع حكمًا في اليوم الخامس عشر الذي يسبق أجل انتهاء ولاية الرئيس .

المادة ٧٤ : تصبح كما يأتي :

إذا خلت سدة الرئاسة بسبب وفاة الرئيس أو استقالته أو سبب آخر فلأجل انتخاب الخلف يجتمع المجلسان الملتئمان في مجمع نيابي فورًا بحكم القانون وإذا اتفق حصول خلاء الرئاسة حال وجود مجلس النواب منحلًا تدعى الهيئات الانتخابية دون إبطاء ويجتمع المجمع النيابي بحكم القانون حال الفراغ من الأعمال الانتخابية.

المادة ٧٥ : تصبح كما يأتي :

إن المجمع النيابي الملتئم لانتخاب رئيس الجمهورية يعتبر هيئة انتخابية لا هيئة اشتراعية ويترتب عليه الشروع حالًا في انتخاب رئيس الدولة دون مناقشة أو أي عمل آخر .

ب - في تعديل الدستور

المادة ٧٦ : تصبح كما يأتي :

يمكن إعادة النظر في الدستور بناء على اقتراح رئيس الجمهورية فتُقدّم الحكومة مشروع القانون إلى المجلسين الملتئمين في مجمع نيابي .

المادة ٧٧ : تصبح كما يأتي :

يمكن أيضًا إعادة النظر في الدستور بناء على طلب النواب فيجري الأمر حينئذ على الوجه الآتي :

يحق لمجلس النواب في خلال عقد عادي وبناء على اقتراح عشرة من أعضائه على الأقل أن يبدي اقتراحه بأكثرية الثلثين من مجموع الأعضاء الذين يتألف منهم المجلس قانونًا بإعادة النظر في الدستور .

على أن المواد والمسائل التي يتناولها الاقتراح يجب تحديدها وذكرها بصورة واضحة ، فيبلّغ رئيس المجلس ذلك الاقتراح إلى الحكومة طالبًا إليها أن تضع مشروع قانون في شأنه ، فإذا وافقت الحكومة المجلس على اقتراحه وجب عليها أن تضع مشروع التعديل وتطرحه على المجلسين خلال أربعة أشهر ، وإذا لم توافق فعليها أن تعيد القرار إلى مجلس النواب ليدرسه ثانية ، فإذا أصرّ المجلس عليه بأكثرية ثلاثة أرباع مجموع الأعضاء الذين يتألف منهم المجلس قانونًا ، وجب على الحكومة الانصياع وطرح مشروع التعديل في مدّة شهرين .

ت - في أعمال المجمع النيابي

المادة ٧٨ : تصبح كما يأتي :

يترأس رئيس مجلس الشيوخ المجمع النيابي وتكون هيئة مكتب مجلس الشيوخ هي هيئة المجمع النيابي .

إذا طرح على المجمع النيابي مشروع يتعلّق بتعديل الدستور يجب عليه أن يثابر على المناقشة حتى التصويت عليه قبل أيّ عمل آخر . على أنه لا يمكنه أن يجري مناقشة أو أن يصوّت إلا على المواد والمسائل المحدّدة بصورة واضحة في المشروع الذي يكون قد قُدّم له .

المادة ٧٩ : تصبح كما يأتي :

عندما يطرح على المجمع النيابي مشروع يتعلق بتعديل الدستور لا يمكنه أن يبحث فيه أو أن يصوّت عليه ما لم تلتئم أكثرية مؤلّفة من ثلثي أعضاء كل من المجلسين قانونا ويجب أن يكون التصويت بالغالبية نفسها. وعلى رئيس الجمهورية أن يصدر القانون المتعلّق بتعديل الدستور بالشكل والشروط ذاتها التي تصدر وتنشر بموجبها القوانين العادية ويحق له خلال المدة المعينة للإصدار أن يطلب إلى المجلسين الملتئمين في مجمع نيابي ، بعد اطلاع مجلس الوزراء ، إعادة المناقشة في المشروع مرة أخرى ويصوّت عليه بأكثرية ثلثي الأصوات أيضًا .

الباب الرابع
تدابير مختلفة
أ – المجلس الأعلى

المادة ٨٠ : تعدّل كما يأتي :

يتألف المجلس الأعلى ، ومهمّته محاكمة الرؤساء والوزراء ، من سبعة شيوخ ينتخبهم مجلس الشيوخ وثمانية من أعلى القضاة العدليين والإداريين والماليين رتبةً حسب درجات التسلسل القضائي أو باعتبار الأقدمية إذا تساوت درجاتهم ويجتمعون تحت رئاسة أرفع هؤلاء القضاة رتبة وتصدر قرارات التجريم من المجلس الأعلى بغالبية عشرة أصوات. وتحدّد أصول المحاكمات لديه بموجب قانون خاص يلحظ نظام الأعضاء الرديفين للأعضاء الأصيلين .

ب – في المالية

المادة ٨٣ : تصبح كما يأتي :

كل سنة في بدء العقد التشريعي تقدّم الحكومة للبرلمان موازنة شاملة نفقات الدولة ودخلها عن السنة القادمة ويقترع على الموازنة بندًا ، بندًا .

المادة ٨٤ : تصبح كما يأتي :

ولا يجوز لكلا المجلسين في خلال المناقشة بالموازنة وبمشاريع الاعتمادات الإضافية أو الاستثنائية أن يزيد الاعتمادات المقترحة عليه في مشروع الموازنة أو في بقية المشاريع المذكورة سواء كان ذلك بصورة تعديل يدخله عليها أو بطريقة الاقتراح. غير أنه يمكنه بعد الانتهاء من تلك المناقشة أن يقرر بطريقة الاقتراح قوانين من شأنها إحداث نفقات جديدة شرط أن تكون مواردها مؤمّنة .

المادة ٨٥ : تصبح كما يأتي :

لا يجوز أن يفتح اعتماد استثنائي إلا بقانون خاص. أما إذا دعت ظروف طارئة لنفقات مستعجلة فيتخذ رئيس الجمهورية مرسومًا ، بناء على قرار صادر عن مجلس الوزراء ، بفتح اعتمادات استثنائية أو إضافية وبنقل اعتمادات في الموازنة على ألا تتجاوز هذه الاعتمادات حدّا أقصى يحدد في قانون الموازنة. ويجب أن تعرض هذه التدابير على موافقة كل من المجلسين فور تمكنهما من الالتئام قانونا خلال العقد العادي أو أي عقد استثنائي.

المادة ٨٦ : تصبح كما يأتي :

إذا لم يبتّ المجلسان نهائيًا في شأن مشروع الموازنة قبل نهاية شهر كانون الأول فلمجلس الوزراء أن يتخذ قرارًا ، يصدر بناء عليه ، عن رئيس الجمهورية ، مرسوم يجعل بموجبه المشروع بالشكل الذي تقدم به إلى مجلس النواب مرعيًا ومعمولًا به. ولا يجوز لمجلس الوزراء أن يستعمل هذا الحق إلا إذا كان مشروع الموازنة قد طرح على مجلس النواب قبل بداية عقده بخمسة عشر يومًا على الأقل. أما في حال عدم صدور الموازنة في نهاية السنة كحدّ أقصى ، فتجبى الضرائب والتكاليف والرسوم والمكوس والعائدات الأخرى كما في السابق وتؤخذ موازنة السنة السابقة أساسًا ويضاف إليها ما فتح بها من الاعتمادات الإضافية الدائمة ويحذف منها ما أسقط من الاعتمادات الدائمة وتأخذ الحكومة نفقات كل شهر يسبق إقرار الموازنة الجديدة على القاعدة الاثني عشرية .

المادة ٨٧ : تصبح كما يأتي :

إن حسابات الإدارة المالية النهائية لكل سنة يجب أن تعرض على المجلسين ليوافقا عليها قبل نشر موازنة السنة التي تلي تلك السنة على أن تعرض مسبقا من قبل الحكومة على ديوان المحاسبة .

الباب السادس
أحكام نهائية ومؤقتة

المادة ٩٥ : تعدّل كما يأتي :

على مجلس الشيوخ دراسة الطرق الكفيلة بتجاوز الطائفية وإعداد الخطة الملائمة لتطبيقها ورفع الاقتراحات بها إلى رئيس الجمهورية لكي يصار إلى إعطائها المجرى الدستوري والقانوني الملائم ، على أن :

أ- تمثل الطوائف بصورة عادلة في تشكيل الوزارة مع مراعاة المثالثة من ضمن المناصفة .

ب- يُعتمد الاختصاص والكفاءة في الوظائف العامة والقضاء والمؤسّسات العسكرية والأمنية والمؤسّسات العامة والمختلطة شرط أن تكون المباراة التي تؤمن المعايير المهنية والشفافية والمساواة هي الآلية المعتمدة للاختيار باستثناء وظائف الفئة الأولى وما يعادل الفئة الأولى ، التي تراعى فيها قاعدة التمثيل الطائفي فتكون هذه الوظائف مناصفة بين المسيحيين والمسلمين من دون تخصيص أية وظيفة لأية طائفة مع التقيّد بمبادئ الاختصاص والكفاءة .

المادة ٩٦ : يحلّ النص الآتي محل نص المادة ٩٦ الملغاة :

توزع المقاعد في مجلس الشيوخ وفقا لأحكام المادة (٢٢) على الطوائف بالنسب التالية :

* الشيوخ المنتخبون :

٢٥ موارنة ، ٢٠ سنة ، ٢٠ شيعة ، ١٠ روم أرثوذكس ، ٦ روم كاثوليك ، ٦ دروز ، ٣ أرمن أرثوذكس ، ١ أرمن كاثوليك ، ١ علوي ، ١ إنجيلي ، ١ أقليات مسيحية . (مجموع ٩٤)

** الشيوخ المعيّنون :

٣ موارنة ، ٣ سنة ، ٣ شيعة ، ٢ روم أرثوذكس ، ٢ روم كاثوليك ، ٢ دروز ، ١ أرمن أرثوذكس ، ١ علوي ، ١ أقليات مسيحية بمن فيهم الأرمن الكاثوليك والإنجيليين . (مجموع ١٨)

المادة الثانية : ينشر هذا القانون الدستوري في الجريدة الرسمية .

جدول مقارنة

الباب الأول
أحكام أساسية

النص الحالي للمواد	النص المقترح
بنود مقدمة الدستور الحالي :	بنود مقدمة الدستور المقترحة :
أ- لبنان وطن سيد حر مستقل ، وطن نهائي لجميع أبنائه ، واحد أرضًا وشعبًا ومؤسسات ، في حدوده المنصوص عنها في هذا الدستور والمعترف بها دوليًا .	أ- لبنان وطن سيد حرّ مستقل ، وطن نهائي لجميع أبنائه ، واحد أرضا وشعبا ومؤسّسات في حدوده المنصوص عنها في هذا الدستور والمعترف بها دوليًا .
ب- لبنان عربي الهوية والانتماء ، وهو عضو مؤسس وعامل في جامعة الدول العربية وملتزم مواثيقها ، كما هو عضو مؤسس وعامل في منظمة الأمم المتحدة وملتزم مواثيقها والاعلان العالمي لحقوق الإنسان . وتجسد الدولة هذه المبادئ في جميع الحقول والمجالات دون استثناء .	ب- لبنان عربي الهوية والانتماء وهو عضو مؤسّس وعامل في جامعة الدول العربية وملتزم مواثيقها ، كما هو عضو مؤسّس وعامل في منظمة الأمم المتحدة وملتزم مواثيقها والإعلان العالمي لحقوق الإنسان . وتجسد الدولة هذه المبادئ في جميع الحقوق والمجالات دون استثناء .
ج- لبنان جمهورية ديمقراطية برلمانية ، تقوم على احترام الحريات العامة وفي طليعتها حرية الرأي والمعتقد ، وعلى العدالة الاجتماعية والمساواة في الحقوق والواجبات بين جميع المواطنين دون تمايز أو تفضيل .	ج- لبنان جمهورية ديمقراطية برلمانية ، تقوم على احترام الحريات العامة وفي طليعتها حريّة الرأي والمعتقد ، وعلى العدالة الاجتماعية والمساواة في الحقوق والواجبات بين جميع المواطنين ، دون تمييز أو تفضيل .
د- الشعب مصدر السلطات وصاحب السيادة يمارسها عبر المؤسسات الدستورية .	د- الشعب مصدر السلطات وصاحب السيادة يمارسها عبر المؤسّسات الدستورية .

هـ - النظام قائم على مبدأ الفصل بين السلطات وتوازنها وتعاونها .	هـ - النظام قائم على مبدأ الفصل بين السلطات وتوازنها وتعاونها .
و - النظام الاقتصادي حر يكفل المبادرة الفردية والملكية الخاصة .	و - النظام الاقتصادي حرّ يكفل المبادرة الفردية والملكية الخاصة .
ز - الانماء المتوازن للمناطق ثقافيًا واجتماعيًا واقتصاديًا ركن أساسي من أركان وحدة الدولة واستقرار النظام .	ز - الإنماء المتوازن والمتناسب للمناطق ثقافيًا واقتصاديًا واجتماعيًا ركنٌ أساسي من أركان وحدة الدولة واستقرار النظام فيها .
ح - الغاء الطائفية السياسية هدف وطني أساسي يقتضي العمل على تحقيقه وفق خطة مرحلية .	ح - تجاوزُ الطائفيةِ السياسية هدفٌ وطني أساسي يقتضي العمل على تحقيقه وفق خطة مرحلية .
ط - أرض لبنان أرض واحدة لكل اللبنانيين . فلكل لبناني الحق في الإقامة على أي جزء منها والتمتع به في ظل سيادة القانون ، فلا فرز للشعب على أساس أي انتماء كان ، ولا تجزئة ولا تقسيم ولا توطين .	ط - ارض لبنان ارض واحدة لكل اللبنانيين . فلكل لبناني الحق في الإقامة على أي جزء منها والتمتع به في ظل سيادة القانون ، فلا فرز للشعب على أساس أي انتماء كان ، ولا تجزئة ولا تقسيم ولا توطين .
ي - لا شرعية لأي سلطة تناقض ميثاق العيش المشترك .	ي - يعتبر الدستور ومندرجاته الضمانة الوحيدة والحصرية للعيش المشترك بين اللبنانيين .

الفصل الأول
في الدولة وأراضيها

المادة (١) الحالية	المادة (١) المقترحة
لبنان دولة مستقلة ذات وحدة لا تتجزأ وسيادة تامة . أما حدوده فهي التي تحده حاليًا :	لبنان دولة مستقلة ذات وحدة لا تتجزأ وسيادة تامة. أما حدوده فهي التي تحدّه حالياً :

شمالاً: من مصب النهر الكبير على خط يرافق مجرى النهر إلى نقطة اجتماعه بوادي خالد الصاب فيه على علو جسر القمر.

شرقًا: خط القمة الفاصل بين وادي خالد ووادي نهر العاصي (أورنت) مارًا بقرى معيصرة - حربعانة - هيت - ابش - فيصان على علو قريتي بريفا ومطربا، وهذا الخط تابع حدود قضاء بعلبك الشمالية من الجهة الشمالية الشرقية والجهة الجنوبية الشرقية ثم حدود أقضية بعلبك والبقاع وحاصبيا وراشيا الشرقية.

جنوبًا: حدود قضاءي صور ومرجعيون الجنوبية الحالية.

غربًا: البحر المتوسط.

شمالاً: من مصب النهر الكبير على خط يرافق مجرى النهر إلى نقطة اجتماعه بوادي خالد الصاب فيه على علو جسر القمر.

شرقاً: خط القمة الفاصل بين وادي خالد ووادي نهر العاصي (أورنت) ماراً بقرى معَيصرة، حَربِعاتة، هَيت، ابش، فيصان على علوّ قريتي برينا ومطربا، وهذا الخط تابع حدود قضاء بعلبك الشمالية من الجهة الشمالية الشرقية والجهة الجنوبية الشرقية ثم حدود أقضية بعلبك والبقاع وحاصبيا وراشيا الشرقية.

جنوباً: حدود أقضية صور وبنت جبيل ومرجعيون على ما جرى إقراره في اتفاق بوله-نيوكومب تاريخ ٧ آذار١٩٢٣.

غرباً: البحر المتوسط.

المادة (٣) الحالية

لا يجوز تعديل حدود المناطق الإدارية إلا بموجب قانون.

المادة (٣) المقترحة

يَعتمِد التنظيم الإداري في لبنان اللامركزية الإدارية تعزيزا للمُمارسة الديمقراطية المحلية ولحسن سَير العمل الإداري. لا يجوز تعديل حدود المناطق الإدارية إلا بموجب قانون.

الفصل الثاني
في اللبنانيين وحقوقهم وواجباتهم

المادة (٧) الحالية	المادة (٧) المقترحة
كل اللبنانيين سواء لدى القانون وهم يتمتعون بالسواء بالحقوق المدنية والسياسية ويتحملون الفرائض والواجبات العامة دون ما فرق بينهم .	اللبنانيون كافة ، ذكورًا وإناثًا ، متساوون أمام القانون وهم يتمتعون بالسواء بالحقوق المدنية والسياسية ويتحملون الفرائض والواجبات العامة دونما تمييز بينهم .

المادة (٨) الحالية	المادة (٨) المقترحة
الحرية الشخصية مصونة وفي حمى القانون ولا يمكن أن يقبض على أحد أو يحبس أو يوقف إلا وفاقًا لأحكام القانون ولا يمكن تحديد جرم أو تعيين عقوبة إلا بمقتضى القانون .	الحريّة الشخصية مصونة وفي حمى القانون ، ولا يجوز أن يُقبض على أحد أو يُحبس أو يوقف أو أن تُحدّد إقامته أو تقيد حريته في التنقل أو أن يخضع لإجراءات أمن أو تحقيق إلا وفقا لأحكام القانون ، ولا يجوز تحديد جرم أو تعيين عقوبة إلا بمقتضى القانون .

المادة (٩) الحالية	المادة (٩) المقترحة
حرية الاعتقاد مطلقة والدولة بتأديتها فروض الاجلال لله تعالى تحترم جميع الأديان والمذاهب وتكفل حرية اقامة الشعائر الدينية تحت حمايتها على أن لا يكون في ذلك اخلال في النظام العام وهي تضمن أيضًا للأهلين على اختلاف مللهم احترام نظام الأحوال الشخصية والمصالح الدينية .	حريّة الاعتقاد مطلقة والدولة بتأديتها فروض الإجلال لله تعالى تحترم جميع الأديان والمذاهب وتكفل حريّة الضمير وحريّة إقامة الشعائر الدينية تحت حمايتها ، على ألا يكون في ذلك إخلال بالنظام العام . والدولة تضمن أيضا للمواطنين على اختلاف طوائفهم ، احترام نظام الأحوال الشخصية والمصالح الدينية ، ولها أيضا في هذا الإطار ،

أن تنظم الأحوال الشخصية المدنية بقوانين لا تتعارض مع حريّة المعتقد .

المادة (١٠) المقترحة	المادة (١٠) الحالية
التعليم حق للمواطن والتعلُّم واجب عليه ، والتعليم إلزامي بالتساوي لجميع المواطنين حتى نهاية المرحلة التكميلية . والتعليم الرسمي مجاني وعلى الدولة إنشاء المدارس والمعاهد والجامعات والمؤسّسات التربوية اللازمة لتأمينه بشكل سليم وجيد . والتعليم حرّ في إطار ترسيخ الوحدة الوطنية والالتزام بالنظام العام والآداب العامة . ولا يمكن أن تمس حقوق الطوائف لجهة إنشاء مدارسها الخاصة ، على أن تتقيد في ذلك بالأنظمة العامة التي تصدرها الدولة .	التعليم حر ما لم يخل بالنظام العام أو ينافي الآداب أو يتعرض لكرامة أحد الاديان أو المذاهب ولا يمكن أن تمس حقوق الطوائف من جهة إنشاء مدارسها الخاصة ، على أن تسير في ذلك وفاقًا للأنظمة العامة التي تصدرها الدولة في شأن المعارف العمومية .

المادة (١٢) المقترحة	المادة (١٢) الحالية
لكل لبناني ولبنانية الحق في تولي الوظائف العامة ولا ميزة لأحد على الآخر إلا من حيث الاستحقاق والجدارة حسب الشروط التي ينصّ عليها القانون وذلك وفق نظام خاص يضمن حقوق الموظفين في الدوائر التي ينتمون إليها .	لكل لبناني الحق في تولي الوظائف العامة لا ميزة لاحد على الآخر إلا من حيث الاستحقاق والجدارة حسب الشروط التي ينص عليها القانون . وسيوضع نظام خاص يضمن حقوق الموظفين في الدوائر التي ينتمون إليها .

المادة (١٣) المقترحة	المادة (١٣) الحالية
حريّة إبداء الرأي قولًا وكتابة وحريّة الصحافة والطباعة والنشر ، وحريّة الاجتماع وحريّة	حرية ابداء الرأي قولا وكتابة وحرية الطباعة وحرية الاجتماع وحرية تأليف الجمعيات

كلها مكفولة ضمن دائرة القانون.

تأليف الجمعيات كلها مكفولة ضمن دائرة القانون.

الباب الثاني
السلطات

الفصل الأول
أحكام عامة

المادة (١٦) الحالية

تتولى السلطة المشترعة هيئة واحدة هي مجلس النواب.

المادة (١٦) المقترحة

تتولى السلطة المشترعة هيئتان هما مجلس الشيوخ ومجلس النواب وذلك مع مراعاة أحكام المادة (٣٠).

المادة (١٨) الحالية

لمجلس النواب ومجلس الوزراء حق اقتراح القوانين. ولا ينشر قانون ما لم يقره مجلس النواب.

المادة (١٨) المقترحة

لرئيس الجمهورية، بعد موافقة مجلس الوزراء، وللنواب حق اقتراح القوانين. ولا ينشر قانون ما لم يقرّه مجلس النواب كما ومجلس الشيوخ في المواضيع المنصوص عنها في المادة (٣٠).

وفي هذه الحال، تدرس وتناقش مشاريع واقتراحات القوانين تباعا في مجلس النواب أولا ومن ثم في مجلس الشيوخ على أن تقرّ في كلا المجلسين بصورة متطابقة.

تلتئم حكمًا وفورا لجنة مختلطة مؤلفة من عدد متساو من الشيوخ والنواب معيّنين من هيئة مكتب كل من المجلسين تكلّف اقتراح

نص حول الأحكام الباقية قيد المناقشة فيما يتعلق باقتراح أو مشروع قانون لم يُقرّ بعدَ قراءتين من كل مجلس نتيجة خلاف بين المجلسين .

إذا لم تتوصّل اللجنة المختلطة إلى إقرار نص مشترك ، أو لم يصادق على هذا النص من قبل كلا المجلسين ، يسقط مشروع أو اقتراح القانون نهائيا .

ويجوز للحكومة ، بغية تنفيذ برنامجها ، الطلب من مجلس النواب كما ومجلس الشيوخ في المواضيع المنصوص عنها في المادة (٣٠) ، تفويضها لمدة محددة إصدار مراسيم اشتراعية تتضمن مواضيع هي من اختصاص القانون .

تصدر المراسيم الاشتراعية بعد موافقة مجلس الوزراء واستشارة مجلس شورى الدولة على أن يعطي الأخير رأيه في مهلة أقصاها ثلاثين يوما من تاريخ طلب الاستشارة ،

ويصادق عليها مجلس النواب كما ومجلس الشيوخ في حال تناولت إحدى المواضيع المنصوص عنها في المادة (٣٠) عبر إقرار مشروع قانون المصادقة الذي يتوجب إحالته إلى البرلمان قبل انقضاء المهلة المحدّدة في قانون التفويض تحت طائلة اعتبار المراسيم الاشتراعية التي يجب أن يتضمنها باطلة .

المادة (١٩) الحالية	المادة (١٩) المقترحة
ينشأ مجلس دستوري لمراقبة دستورية القوانين والبت في النزاعات والطعون الناشئة عن الانتخابات الرئاسية والنيابية.	يتولى المجلس الدستوري مراقبة دستورية القوانين والبت في النزاعات والطعون الناشئة عن الانتخابات الرئاسية وأعضاء مجلسي الشيوخ والنواب. تتمتع قراراته بقوة القضية المحكوم بها. وهي ملزمة لجميع السلطات العامة، وللمراجع القضائية والإدارية، وتنشر في الجريدة الرسمية.
يعود حق مراجعة هذا المجلس في ما يتعلق بمراقبة دستورية القوانين إلى كل من رئيس الجمهورية ورئيس مجلس النواب ورئيس مجلس الوزراء أو إلى عشر أعضاء من مجلس النواب، وإلى رؤساء الطوائف المعترف بها قانونًا في ما يتعلق حصرًا بالأحوال الشخصية وحرية المعتقد وممارسة الشعائر الدينية وحرية التعليم الديني.	يعود حق مراجعة هذا المجلس في ما يتعلق بمراقبة دستورية القوانين إلى كل من رئيس الجمهورية ورئيس مجلس الشيوخ ورئيس مجلس النواب ورئيس مجلس الوزراء وإلى عشرة أعضاء من مجلس النواب، والى رؤساء الطوائف المعترف بها قانونا في ما يتعلق بالأحوال الشخصية، وحريّة المعتقد وممارسة الشعائر الدينية، وحريّة التعليم الديني.
	كما لوسيط الجمهورية ونقابة المحامين في لبنان حق المراجعة في ما يتعلق حصرا بالحقوق والحريات التي يكفلها الدستور.
	ويمارس المجلس الدستوري عفوا رقابة على دستورية القوانين التي تُنشِئُهُ وتنظم عمله الداخلي وعلى النظام الداخلي لكل من مجلس الشيوخ ومجلس النواب ومجلس الوزراء وقوانين انتخاب رئيس الجمهورية وأعضاء مجلس الشيوخ ومجلس النواب

وقوانين تنظيم القضاء وقانون أصول المحاكمات لدى المجلس الأعلى لمحاكمة الرؤساء والوزراء ، وقانون الموازنة العامة وقانون الجنسية وقانون التنظيم الإداري العام واللامركزية الإدارية ونظام الموظفين العام ، وذلك فور نشرها أصولا .

ويتألف المجلس الدستوري من تسعة أعضاء مدّة ولايتهم ست سنوات غير قابلة للتجديد ولا للاختصار بشكل مطلق ، يُعيّنون كالتالي:

- عضو يعيّنه رئيس الجمهورية بمرسوم ويكون حكمًا رئيسا للمجلس ،

- عضوان يعيّنهما مجلس الشيوخ وذلك بالأكثرية المطلقة من الأعضاء في الدورة الأولى وإلا بالأكثرية العادية في الدورة التي تلي .

- عضوان يعيّنهما مجلس النواب وذلك بالأكثرية المطلقة من الأعضاء في الدورة الأولى وإلا بالأكثرية العادية في الدورة التي تلي .

- عضوان يعيّنهما مجلس الوزراء ،

- عضو يعيّنه المجلس الأعلى للقضاء بالأكثرية المطلقة من أعضائه من بين ثلاثة أسماء يَجري انتخابهم من قبل هيئة ناخبة مؤلفة من جميع القضاة العدليين العاملين .

- عضو يعيّنه المجلس الأعلى للقضاء

	الإداري من بين ثلاثة أسماء يَجري انتخابهم من قبل هيئة ناخبة مؤلفة من جميع القضاة الإداريين والماليين العاملين.
تحدد قواعد تنظيم المجلس وأصول العمل فيه وكيفية تشكيله ومراجعته بموجب قانون.	تحدد قواعد تنظيم المجلس ومراجعته بموجب قانون.

المادة (٢٠) الحالية	المادة (٢٠) المقترحة
السلطة القضائية تتولاها المحاكم على اختلاف درجاتها واختصاصاتها ضمن نظام ينص عليه القانون وتحفظ بموجبه للقضاء والمتقاضين الضمانات اللازمة. أما شروط الضمانة القضائية وحدودها فيعينها القانون. والقضاة مستقلون في اجراء وظيفتهم.	السلطة القضائية تتولاها المحاكم على اختلاف درجاتها واختصاصاتها ضمن نظام ينص عليه القانون وتُحفظ بموجبه للقضاة والمتقاضين الضمانات اللازمة. أما شروط الضمانة القضائية وحدودها فيعينها القانون. والقضاة مستقلون في إجراء وظيفتهم على ألا تخصّص وظيفة قضائية لقاض، بحيث يُعمد إلى إجراء تشكيلات عامة وشاملة في القضاء العدلي كل أربع سنوات كحد اقصى يستثنى منها فقط الرئيس الأول لمحكمة التمييز والنائب العام لدى محكمة التمييز ورئيس وأعضاء هيئة التفتيش القضائي والنائب العام المالي. وتكون التشكيلات التسنائية التي تقرّرها الهيئات القضائية المختصة، أصولا، ملزمة ونهائية للسلطات الدستورية كافة لا سيما المولجة إعطاءها صيغة النفاذ بحيث يتوجّب صدور المرسوم ذات الصلة

	خلال مهلة أقصاها شهر من تاريخ إقرارها النهائي من قبل هذه الهيئات.
وتصدر القرارات والأحكام من قبل كل المحاكم وتنفذ باسم الشعب اللبناني.	تصدُر القرارات والأحكام من قبل كل المحاكم وتنفَّذ باسم الشعب اللبناني.

المادة (٢١) الحالية	المادة (٢١) المقترحة
لكل وطني لبناني بلغ من العمر احدى وعشرين سنة كاملة حق في أن يكون ناخبًا على أن تتوفر فيه الشروط المطلوبة بمقتضى قانون الانتخاب.	لكل مواطن لبناني بلغ من العمر ثماني عشرة سنة كاملة حق في أن يكون ناخبًا، على أن تتوفّر فيه الشروط المطلوبة بمقتضى قانون الانتخاب.

الفصل الثاني
السلطة المشترعة

المادة (٢٢) الحالية	المادة (٢٢) المقترحة
مع انتخاب أول مجلس نواب على أساس وطني لا طائفي يُستحدث مجلس للشيوخ تتمثل فيه جميع العائلات الروحية وتنحصر صلاحياته في القضايا المصيرية.	يؤلف مجلسٌ للشيوخ من مئة واثني عشر عضوا منتخبين ومعينين وفقا للقواعد التالية: ١- بالتساوي بين المسيحيين والمسلمين. ٢- نسبيا بين طوائف كل من الفئتين. ٣- يشكل ناخبو كل طائفة دائرة انتخابية تتولّى انتخاب الشيوخ المخصصين بموجب المادة (٩٦) لكل طائفة انتخابا وذلك وفق نظام الاقتراع النسبي وفق قاعدة الكسر الأكبر ضمن لوائح مقفلة في حال كان عدد الشيوخ في الدائرة الانتخابية يزيد عن شيخ واحد ونظام

الاقتراع الأكثري على دورة واحدة في حال خُصّصت الطائفة بمقعد واحد.

يتولى رؤساء الطوائف تعيين الشيوخ المخصّصين بموجب المادة (٩٦) لكل طائفة تعيينا وذلك من رجال الدين حصرا، على أن يلتئم رؤساء طوائف الأقليات في مجمع انتخابي لاختيار الشيخ المخصص لها على أن يعيَّن شيخا من ينال الأكثرية المطلقة من الأصوات.

المادة (٢٣) الحالية

ملغاة وفقا للقانون الدستوري تاريخ ١٧/١٠/١٩٢٧.

المادة (٢٣) المقترحة

يشترط على عضو مجلس الشيوخ أن يكون لبنانيا بالغا من السن أربعين سنة كاملة. تكون ولاية مجلس الشيوخ ست سنوات. يحدد قانون انتخاب أعضاء مجلس الشيوخ شروط أهلية المنتخَبين، والمعيَّنين، وتفاصيل انتخابهم، وتعيينهم.

المادة (٢٤) الحالية

يتألف مجلس النواب من نواب منتخبين يكون عددهم وكيفية انتخابهم وفاقًا لقوانين الانتخاب المرعية الاجراء. وإلى أن يضع مجلس النواب قانون انتخاب خارج القيد الطائفي، توزع المقاعد النيابية وفقًا للقواعد الآتية:

أ- بالتساوي بين المسيحيين والمسلمين.

ب- نسبيًا بين طوائف كل من الفئتين.

ج- نسبيًا بين المناطق.

المادة (٢٤) المقترحة

يتألف مجلس النواب من نواب منتخبين خارج القيد الطائفي، وفق النظام الأكثري، على دورة واحدة بحيث يعود للناخب ضمن الدائرة الانتخابية أن ينتخب شخصا واحدا.

لا يجوز أن تتضمن الدائرة الانتخابية أقل من خمسة مقاعد وأكثر من ثمانية على ألا يتجاوز عدد المقاعد النيابية مئة واثني عشر مقعدا (١١٢).

يحدد قانون انتخاب أعضاء مجلس النواب وعددهم وشروط أهلية ترشيحهم ، وتفاصيل انتخابهم ، ويمكن أن يخصّص عدد من المقاعد النيابية للبنانيين المقيمين في الخارج .	وبصورة استثنائية ، ولمرة واحدة ، تملأ بالتعيين دفعة واحدة وبأكثرية الثلثين من قبل حكومة الوفاق الوطني ، المقاعد النيابية الشاغرة بتاريخ نشر هذا القانون والمقاعد التي تستحدث في قانون الانتخاب ، تطبيقًا للتساوي بين المسيحيين والمسلمين ، وفقًا لوثيقة الوفاق الوطني . ويحدد قانون الانتخاب دقائق تطبيق هذه المادة .
المادة (٢٥) المقترحة	المادة (٢٥) الحالية
إذا تمّ حل مجلس النواب وجب أن يشتمل مرسوم الحل على دعوة لإجراء انتخابات جديدة . وهذه الانتخابات تجري وفقا للمادة الرابعة والعشرين (٢٤) وتنتهي في مدة لا تتجاوز الثلاثة أشهر من تاريخ صدور مرسوم الحل .	إذا حل مجلس النواب وجب أن يشتمل قرار الحل على دعوة لإجراء انتخابات جديدة وهذه الانتخابات تجري وفقًا للمادة (٢٤) وتنتهي في مدة لا تتجاوز الثلاثة أشهر .

الفصل الثالث
أحكام عامة

المادة (٢٦) المقترحة	المادة (٢٦) الحالية
بيروت مركز الحكومة والبرلمان .	بيروت مركز الحكومة ومجلس النواب .
المادة (٢٧) المقترحة	المادة (٢٧) الحالية
عضو مجلس الشيوخ يمثل طائفته داخل الأمة ولا يجوز أن تربط وكالة الشيخ بقيد أو شرط من قبل منتخبيه أو ممّن عيّنه .	

عضو مجلس النواب يمثل الأمة جمعاء ولا يجوز أن تربط وكالته بقيد أو شرط من قبل منتخبيه .

أما عضو مجلس النواب فيمثل الأمة جمعاء ولا يجوز أن تربط وكالته بقيد أو شرط من قبل منتخبيه .

المادة (٢٨) الحالية

يجوز الجمع بين النيابة ووظيفة الوزارة أما الوزراء فيجوز انتقاؤهم من أعضاء المجلس النيابي أو من أشخاص خارجين عنه أو من كليهما .

المادة (٢٨) المقترحة

باستثناء رئيس ونائب رئيس مجلس الوزراء ، لا يجوز الجمع بين عضوية مجلس الشيوخ وعضوية مجلس النواب ووظيفة الوزارة. أما الوزراء فيجوز انتقاؤهم من أعضاء البرلمان أو من أشخاص خارجين عنه أو من كليهما . يعتبر مستقيلا حكمًا من البرلمان الشيخ أو النائب الذي يعين وزيرا بعد انقضاء ٢٤ ساعة على صدور مرسوم التشكيل أو التعيين ما لم يتقدّم باستقالته من الوزارة خلال المهلة المذكورة .

المادة (٢٩) الحالية

إن الأحوال التي تفقد معها الأهلية للنيابة يعيّنها القانون .

المادة (٢٩) المقترحة

إن الأحوال التي تُفقد معها الأهلية للمشيخة أو للنيابة يعينها القانون .

المادة (٣٠) الحالية

للنواب وحدهم الحق بالفصل في صحة نيابتهم ولا يجوز أبطال انتخاب نائب ما إلا بغالبية الثلثين من مجموع الأعضاء .

تلغى هذه المادة حكمًا فور إنشاء المجلس الدستوري ووضع القانون المتعلق به موضع التنفيذ .

المادة (٣٠) المقترحة

تحصر صلاحيات مجلس الشيوخ في مجال التشريع في القضايا المصيرية التالية: قانون انتخاب أعضاء مجلس الشيوخ ومجلس النواب ، قانون حالة الطوارئ ، قانون الدفاع ، الاتفاقيات والمعاهدات الدولية المنصوص عنها في المادة (٥٢) ،

قوانين الأحوال الشخصية، قانون الموازنة والقوانين المالية، قانون الجنسية، قوانين التنظيم الإداري واللامركزية الإدارية، القوانين المتعلقة بحريّة المعتقد وحريّة ممارسة الشعائر الدينية وحريّة التعليم الديني وبالحريات الواردة في المادة (١٣). أما الموافقة على إعلان الحرب فيتم بقرار.

المادة (٣١) الحالية	المادة (٣١) المقترحة
كل اجتماع يعقده المجلس في غير المواعيد القانونية يعدّ باطلاً حكمًا ومخالفًا للقانون.	العقود، عادية كانت أم استثنائية، هي واحدة للمجلسين وكل اجتماع يعقده أحدهما أو كلاهما في غير المواعيد القانونية يعد باطلا حكمًا ومخالفا للقانون.

المادة (٣٢) الحالية	المادة (٣٢) المقترحة
يجتمع المجلس في كل سنة في عقدين عاديين فالعقد الأول يبتدئ يوم الثلاثاء الذي يلي الخامس عشر من شهر آذار وتتوالى جلساته حتى نهاية شهر أيار والعقد الثاني يبتدئ يوم الثلاثاء الذي يلي الخامس عشر من شهر تشرين الأول وتخصص جلساته بالبحث في الموازنة والتصويت عليها قبل كل عمل آخر وتدوم مدة العقد إلى آخر السنة.	يجتمع المجلسان في عقد عادي واحد يبدأ في الأول من شهر تشرين الأول وتتوالى جلساته حتى نهاية شهر حزيران.

المادة (٣٣) الحالية	المادة (٣٣) المقترحة
ان افتتاح العقود العادية واختتامها بجريان حكمًا في المواعيد المبينة في المادة	إن افتتاح العقود العادية واختتامها يجريان حكمًا في المواعيد المبيّنة في المادة الثانية

الثانية والثلاثين. ولرئيس الجمهورية، بالاتفاق مع رئيس الحكومة، أن يدعو مجلس النواب إلى عقود استثنائية بمرسوم يحدد افتتاحها واختتامها وبرنامجها، وعلى رئيس الجمهورية، دعوة المجلس إلى عقود استثنائية إذا طلبت ذلك الأكثرية المطلقة من مجموع أعضائه.

والثلاثين (٣٢). ولرئيس الجمهورية بناء على اقتراح رئيس الحكومة أن يدعو المجلسين إلى عقود استثنائية بمرسوم يحدد افتتاحها واختتامها وبرنامجها بشكل حصري. وعلى رئيس الجمهورية دعوة المجلسَين إلى عقود استثنائية إذا طلبت ذلك الأكثرية المطلقة من مجموع أعضاء كل من المجلسَين.

المادة (٣٤) الحالية

لا يكون اجتماع المجلس قانونيًا ما لم تحضره الأكثرية من الأعضاء الذين يؤلفونه وتتخذ القرارات بغالبية الأصوات. وإذا تعادلت الأصوات سقط المشروع المطروح للمناقشة.

المادة (٣٤) المقترحة

لا يكون اجتماع أي من المجلسين قانونيا ما لم تحضره الأكثرية من الأعضاء الذين يؤلفونه وتُتخذ القرارات بغالبية الأصوات. وإذا تعادلت الأصوات سقط المشروع المطروح للمناقشة.

المادة (٣٥) الحالية

جلسات المجلس علنية على أن له ان يجتمع في جلسة سرية بناء على طلب الحكومة أو خمسة من أعضائه وله أن يقرر اعادة المناقشة في جلسة علنية في المبحث نفسه.

المادة (٣٥) المقترحة

جلسات المجلسَين علنية على أن لكل منهما أن يجتمع في جلسة سرية بناءً على طلب الحكومة أو عُشر أعضائه، ولكل منهما أن يقرّر إعادة المناقشة في جلسة علنية في المبحث عينه.

المادة (٣٦) الحالية

تعطى الآراء بالتصويت الشفوي أو بطريقة القيام والجلوس إلا في الحالة التي يراد فيها الانتخاب فتعطى الآراء بطريقة الاقتراع السري. أما فيما يختص بالقوانين عمومًا

المادة (٣٦) المقترحة

تُعطى الآراء بالتصويت الشفوي أو بطريقة القيام والجلوس إلا في الحالة التي يُراد فيها الانتخاب فتُعطى الآراء بطريقة الاقتراع السري. أما فيما يختص بالقوانين عمومًا أو

أو بالاقتراع على مسألة الثقة فإن الآراء تعطى دائمًا بالمناداة على الأعضاء بأسمائهم وبصوت عال.

بالاقتراع على مسألة الثقة فإن الآراء تُعطى دائمًا إما بالمناداة على الأعضاء بأسمائهم وبصوت عال أو بواسطة التصويت الإلكتروني على أن يتضمن محضر الجلسة النتائج التفصيلية لتصويت كل عضو في أي من المجلسَين.

يجري التصويت على مشاريع أو اقتراحات القوانين مادة، مادة، على أن يطرح الموضوع بمجمله على التصويت بعد التصويت على المواد. يجوز التصويت بمادة وحيدة على مشاريع أو اقتراحات القوانين في حال قرّرت الهيئة العامة لأي من المجلسين ذلك بالأكثرية. ولا يجوز تقديم التعديلات على مواد مشاريع أو اقتراحات القوانين أثناء المناقشة من قبل الحكومة أو أعضاء البرلمان إلا بصورة خطيّة.

المادة (٣٧) الحالية

حق طلب عدم الثقة مطلق لكل نائب في العقود العادية وفي العقود الاستثنائية ولا تجري المناقشة في هذا الطلب ولا يقترع عليه إلا بعد انقضاء خمسة أيام على الأقل من ايداعه أمام عمدة المجلس وابلاغه الوزراء المقصودين بذلك.

المادة (٣٧) المقترحة

حق طلب عدم الثقة مطلق لكل نائب في العقد العادي وفي العقود الاستثنائية، ولا تجري المناقشة في هذا الطلب ولا يقترع عليه إلا بعد انقضاء خمسة أيام على الأقل من تاريخ ايداعه أمام هيئة مكتب مجلس النواب وابلاغه الوزراء المقصودين بذلك.

يحق لعِشر أعضاء مجلس الشيوخ أن يتقدّم بمذكرة حجب ثقة وفق الشروط المنصوص عليها في الفقرة السابقة.

كما يحق لرئيس الحكومة ، بناء على قرار مجلس الوزراء ، أن يتقدّم أمام مجلس النواب بسؤال ثقة أو أن يعلّق الثقة على إقرار مشروع قانون تقدّمت به الحكومة ، وفي هذه الحال يُعتبر رفض المشروع نزعا للثقة بالحكومة. على أنه لا يجوز تعليق الثقة أمام مجلس النواب أو مجلس الشيوخ على مشروع قانون يتضمّن إحدى المواضيع المنصوص عنها في المادة (٣٠) باستثناء القوانين المالية .

المادة (٣٨) الحالية

كل اقتراح قانون لم ينل موافقة المجلس لا يمكن أن يطرح ثانية للبحث في العقد نفسه .

المادة (٣٨) المقترحة

كل مشروع أو اقتراح قانون لم ينل موافقة البرلمان لا يمكن أن يطرح ثانية للبحث في العقد عينه. ويحق للحكومة في أي وقت استرداد مشاريع القوانين قبل التصويت عليها نهائيا بواسطة مرسوم يتّخذ بعد موافقة مجلس الوزراء .

المادة (٣٩) الحالية

لا يجوز اقامة دعوى جزائية على أي عضو من أعضاء المجلس بسبب الآراء والأفكار التي يبديها مدة نيابته .

المادة (٣٩) المقترحة

لا يجوز اقامة دعوى جزائية على أي عضو من أعضاء البرلمان بسبب الآراء والأفكار التي يبديها مدة ولايته .

المادة (٤٠) الحالية

لا يجوز في أثناء دور الانعقاد اتخاذ اجراءات جزائية نحو أي عضو من أعضاء المجلس أو

المادة (٤٠) المقترحة

لا يجوز اثناء دور الانعقاد اتخاذ أي تدبير جزائي بحق أي عضو من أعضاء البرلمان

القاء القبض عليه إذا اقترف جرمًا جزائيًا إلا بإذن المجلس ما خلا حالة التلبس بالجريمة (الجرم المشهود).

بحيث لا يجوز أن يتم إلقاء القبض عليه أو حبسه أو توقيفه أو تقييد حريته في التنقل أو تحديد إقامته وإخضاعه لأي إجراءات أمنية إذا اقترف جرما جزائيا ألا بإذن الأكثرية النسبية من أعضاء المجلس الذي ينتمي إليه ما خلا حالة الجرم المشهود.

المادة (٤١) الحالية

إذا خلا مقعد في المجلس يجب الشروع في انتخاب الخلف في خلال شهرين، ولا تتجاوز نيابة العضو الجديد أجل نيابة العضو القديم الذي يحل محله. أما إذا خلا المقعد في المجلس قبل انتهاء عهد نيابته بأقل من ستة أشهر فلا يعمد إلى انتخاب خلف.

المادة (٤١) المقترحة

إذا خلا مقعد في أي من المجلسين يجب الشروع بانتخاب الخلف أو تعيينه حسب مقتضى الحال في خلال شهرين. أما إذا كان الباقي من مدة المجلس أقل من ستة أشهر، فلا يعمد إلى انتخاب أو تعيين خلف.

على أنه يجب على كل من قانون انتخاب وتعيين أعضاء مجلس الشيوخ وقانون انتخاب أعضاء مجلس النواب أن يلحظ نظام الشيخ أو النائب الرديف بموازاة كل شيخ أو نائب أصيل بحيث تلغى حينها أحكام الفقرة الأولى ويستعاض عنها بأن يحلّ الشيخ أو النائب الرديف محلّ الشيخ أو النائب الأصيل عند شغور مقعده لأي سبب كان لا سيما في الحالة التي يُضْحي فيها الشيخ أو النائب الأصيل مستقيلا حكمًا من عضوية البرلمان لتوليَّه الوزارة عملا بأحكام المادة (٢٨) من الدستور، ويحلّ عندها الشيخ أو النائب الرديف محلّ الشيخ أو النائب الأصيل طيلة الفترة المتبقية من ولايته.

المادة (٤٢) المقترحة	المادة (٤٢) الحالية
تجري الانتخابات العامة لتجديد هيئة المجلسين أو تعيين الشيوخ غير المنتخبين في خلال الستين يومًا السابقة لانتهاء مدة ولايتهما.	تجري الانتخابات العامة لتجديد هيئة المجلس في خلال الستين يومًا السابقة لانتهاء مدة النيابة.

المادة (٤٣) المقترحة	المادة (٤٣) الحالية
لكل من المجلسين أن يضع نظامه الداخلي بقرار يخضع حكمًا لرقابة المجلس الدستوري.	للمجلس أن يضع نظامه الداخلي.

المادة (٤٤) المقترحة	المادة (٤٤) الحالية
في كل مرة يجدد كل من المجلسين ولايته يجتمع برئاسة أكبر أعضائه الحاضرين سنًا ويقوم العضوان الأصغر سنًا بينهم بوظيفة أميني سرّ ويعمد الى انتخاب الرئيس ونائب الرئيس، كل منهما على حدة، لمدة ولاية كل من المجلسين وذلك بالاقتراع السري وبالغالبية المطلقة من أصوات المقترعين. وتبنى النتيجة في دورة الاقتراع الثالثة على الغالبية النسبية، وإذا تساوت الأصوات فالأكبر سنًا يعدّ منتخبًا.	في كل مرة يجدد المجلس انتخابه يجتمع برئاسة أكبر أعضائه سنًا ويقوم العضوان الأصغر سنًا بينهم بوظيفة أمين. ويعمد إلى انتخاب الرئيس ونائب الرئيس لمدة ولاية المجلس كل منهما على حدة بالاقتراع السري وبالغالبية المطلقة من أصوات المقترعين. وتبنى النتيجة في دورة اقتراع ثالثة على الغالبية النسبية، وإذا تساوت الأصوات فالأكبر سنًا يعد منتخبًا.
وفي كل مرة يجدد أي من المجلسين انتخابه، وعند افتتاح العقد العادي في الأول من تشرين الأول من كل عام، يعمد إلى انتخاب أميني سرّ وثلاثة مفوّضين بالاقتراع السري وبورقة واحدة لكل من الفئتين، وفقًا	وفي كل مرة يجدد المجلس انتخابه، وعند افتتاح عقد تشرين الأول من كل عام، يعمد المجلس إلى انتخاب أمينين بالاقتراع السري وفقًا للغالبية المنصوص عنها في الفقرة الأولى من هذه المادة.

للمجلس، ولمرّة واحدة، بعد عامين من انتخاب رئيسه ونائب رئيسه، وفي أول جلسة يعقدها، أن ينزع الثقة من رئيسه أو نائبه بأكثرية الثلثين من مجموع أعضائه بناء على عريضة يوقعها عشرة نواب على الأقل. وعلى المجلس، في هذه الحالة، أن يعقد على الفور جلسة لملء المركز الشاغر.

للغالبية المنصوص عنها في الفقرة الأولى من هذه المادة.

لأي من المجلسَين، ولمرّة واحدة، بعد عامين من انتخاب رئيسه ونائب رئيسه وفي أول جلسة يعقدها أن يقيل رئيسه أو نائبه بالأكثرية المطلقة من مجموع أعضائه بناء على عريضة يوقعها عشرة شيوخ أو عشرة نواب على الأقل توجّه إلى هيئة مكتب المجلس المعني. وفي حال تمت التنحية، على المجلس أن يلتئم حكمًا وفورا في جلسة لمَلء المركز الشاغر.

لا يجوز انتخاب الشيخ أو النائب ذاته لرئاسة أحد المجلسين لأكثر من دورتين متتاليتين بحيث لا يجوز إعادة انتخابه إلا بعد انقضاء ولاية واحدة على الأقل وعلى ألا تقل مدتها عن الأربع سنوات لمجلس النواب.

المادة (٤٥) الحالية

ليس لأعضاء المجلس حق الاقتراع ما لم يكونوا حاضرين في الجلسة ولا يجوز التصويت وكالة.

المادة (٤٥) المقترحة

ليس لأعضاء أي من المجلسَين حق الاقتراع ما لم يكونوا حاضرين في الجلسة ولا يجوز التصويت وكالة.

المادة (٤٦) الحالية

للمجلس دون سواه أن يحفظ النظام في داخله بواسطة رئيسه.

المادة (٤٦) المقترحة

للمجلسَين، دون سواهما، أن يحفظ كل منهما النظام في داخله بواسطة رئيسه.

المادة (٤٧) الحالية	المادة (٤٧) المقترحة
لا يجوز تقديم العرائض إلى المجلس إلا خطًا ولا يجوز تقديم العرائض بصورة شفوية أو دفاعية .	لا يجوز تقديم العرائض إلى أي من المجلسَين إلا خطيا ، ولا يجوز تقديمها بصورة شفوية أو دفاعية .

المادة (٤٨) الحالية	المادة (٤٨) المقترحة
التعويضات التي يتناولها أعضاء المجلس تحدد بقانون .	التعويضات التي يتناولها أعضاء البرلمان تحدد بقانون .

الفصل الرابع

السلطة الاجرائية

أولاً : رئيس الجمهورية

المادة (٤٩) الحالية	المادة (٤٩) المقترحة
رئيس الجمهورية هو رئيس الدولة ورمز وحدة الوطن . يسهر على احترام الدستور والمحافظة على استقلال لبنان ووحدته وسلامة أراضيه وفقًا لأحكام الدستور .	رئيس الجمهورية هو رئيس الدولة ورمز وحدة الوطن . يسهر على احترام الدستور والمحافظة على استقلال لبنان ووحدته وسلامة أراضيه ويضمن السير الطبيعي للسلطات العامة وفقًا لأحكام الدستور .
يرئس المجلس الأعلى للدفاع ، وهو القائد الأعلى للقوات المسلحة التي تخضع لسلطة مجلس الوزراء .	يرئس المجلس الأعلى للدفاع ، وهو القائد الأعلى للقوات المسلحة .
ينتخب رئيس الجمهورية بالاقتراع السري بغالبية الثلثين من مجلس النواب في الدورة الأولى ، ويكتفى بالغالبية المطلقة في دورات الاقتراع التي تلي . وتدوم رئاسته ست سنوات ولا تجوز اعادة انتخابه إلا بعد ست سنوات لانتهاء ولايته . ولا يجوز انتخاب أحد لرئاسة	يُنتخب رئيس الجمهورية بالاقتراع السري بغالبية الثلثين من مجموع أعضاء مجلسي الشيوخ والنواب الملتئمين في مجمع نيابي في الدورة الأولى وإلا فبغالبية الثلاثة أخماس (٣/٥) من مجموع أعضاء المجمع في الدورتين التاليتين والواجب انعقادهما خلال مهلة أقصاها عشرة

الجمهورية ما لم يكن حائزًا على الشروط التي تؤهله للنيابة وغير المانعة لأهلية الترشيح .

كما أنه لا يجوز انتخاب القضاة وموظفي الفئة الأولى ، وما يعادلها في جميع الادارات العامة والمؤسسات العامة وسائر الأشخاص المعنيين في القانون العام مدة قيامهم بوظيفتهم وخلال السنتين اللتين تليان تاريخ استقالتهم وانقطاعهم فعليًا عن وظيفتهم أو تاريخ احالتهم على التقاعد .

أيام من انعقاد الدورة الأولى .

وفي حال انعقاد الدورة الثالثة من دون التوصل إلى انتخاب رئيس للجمهورية ، أو في حال عدم تمكن المجمع النيابي من الانعقاد في دورة أولى أو ثانية أو ثالثة نتيجة عدم اكتمال النصاب ، يُعتبر مجلس النواب منحلا حكمًا على أن يصدر فورا مرسوم بذلك يدعو الهيئات الانتخابية بدون إبطاء لانتخاب مجلس نيابي جديد .

يجتمع المجمع النيابي فور الفراغ من الأعمال الانتخابية وينتخب رئيسا للجمهورية بأكثرية ثلاثة أخماس (٥/٣) مجموع أعضائه في الدورة الأولى ويُكتفى بالغالبية المطلقة من مجموع أعضائه في دورة الاقتراع التي تلي والواجب انعقادها خلال مهلة أقصاها عشرة أيام من انعقاد الدورة الأولى .

تدوم ولاية رئيس الجمهورية ست سنوات ولا يجوز اعادة انتخابه إلا بعد ست سنوات على انتهائها.

يُفتح باب الترشح لرئاسة الجمهورية قبل انتهاء الولاية بأربعة أشهر ويقفل قبل انتهائها بشهرين وعلى كل من يرشح نفسه للانتخابات الرئاسية أن يقدم تصريحا إلى رئيس مجلس الشيوخ وفق آلية يحدد تفاصيلها القانون . لا ينتخب أحد لرئاسة الجمهورية ما لم يكن حائزًا على الشروط التي تؤهله لعضوية مجلس النواب وغير المانعة لأهلية الترشيح .

المادة (٥١) المقترحة	المادة (٥١) الحالية
يُصدر رئيس الجمهورية القوانين وفق المهل المحددة في الدستور بعد أن يكون وافق عليها مجلس النواب أو المجلسان في الحالات المنصوص عنها في المادة (٣٠)، ويطلب نشرها، وليس له أن يدخل تعديلا عليها أو أن يعفي أحدًا من التقيّد بأحكامها.	يصدر رئيس الجمهورية القوانين وفق المهل المحددة في الدستور بعد أن يكون وافق عليها المجلس، ويطلب نشرها، وليس له أن يدخل تعديلاً عليها أو أن يعفي أحدًا من التقيد بأحكامها.

المادة (٥٢) المقترحة	المادة (٥٢) الحالية
يتولى رئيس الجمهورية المفاوضة في عقد المعاهدات الدولية على أن يُطلع رئيس الحكومة على مجرياتها، ويتولى إبرامها بمرسوم بعد موافقة مجلس الوزراء. وتُطلع الحكومة المجلسَين عليها حينما تمكنها من ذلك مصلحة البلاد وسلامة الدولة. أما المعاهدات التي تنطوي على شروط تتعلق بمالية الدولة والمعاهدات التجارية وسائر المعاهدات التي لا يجوز فسخها سنة فسنة، فلا يمكن إبرامها إلا بعد موافقة المجلسَين على مشروع قانون بإجازة الإبرام. ويتم إطلاع رئيس الجمهورية على كل مفاوضات رامية إلى إقرار أي اتفاق دولي غير خاضع للإبرام.	يتولى رئيس الجمهورية المفاوضة في عقد المعاهدات الدولية وإبرامها بالاتفاق مع رئيس الحكومة. ولا تصبح مبرمة إلا بعد موافقة مجلس الوزراء، وتطلع الحكومة مجلس النواب عليها حينما تمكنها من ذلك مصلحة البلاد وسلامة الدولة. أما المعاهدات التي تنطوي على شروط تتعلق بمالية الدولة والمعاهدات التجارية وسائر المعاهدات التي لا يجوز فسخها سنة فسنة، فلا يمكن ابرامها إلا بعد موافقة مجلس النواب.

المادة (٥٣) المقترحة	المادة (٥٣) الحالية
١ - يترأس رئيس الجمهورية مجلس الوزراء عندما يشاء دون أن يشارك في التصويت.	١ - يترأس رئيس الجمهورية مجلس الوزراء عندما يشاء دون أن يشارك في التصويت.

٢ - يسمي رئيس الجمهورية ، استنادًا إلى استشارات نيابية ملزمة يشترك فيها أعضاء مجلس النواب ، رئيس الحكومة المكلّف خلال مهلة أقصاها شهر من تاريخ اعتبار الحكومة مستقيلة أو تاريخ اعتذار رئيس الحكومة المكلف عن تشكيل الحكومة .	٢ - يسمي رئيس الجمهورية رئيس الحكومة المكلف بالتشاور مع رئيس مجلس النواب استنادًا إلى استشارات نيابية ملزمة يطلعه رسميًا على نتائجها .
٣ - يُصدر مرسوم تسمية رئيس مجلس الوزراء منفردًا .	٣ - يصدر مرسوم تسمية رئيس مجلس الوزراء منفردًا .
٤ - يُصدر بناء على اقتراح رئيس مجلس الوزراء مرسوم تشكيل الحكومة ومراسيم إقالة الوزراء وقبول استقالتهم وتبديل حقائبهم الوزارية .	٤ - يصدر بالاتفاق مع رئيس مجلس الوزراء مرسوم تشكيل الحكومة ومراسيم قبول استقالة الوزراء أو اقالتهم .
٥ - يُصدر منفردًا المراسيم بقبول استقالة الحكومة أو اعتبارها مستقيلة وبحلّ مجلس النواب .	٥ - يصدر منفردًا المراسيم بقبول استقالة الحكومة أو اعتبارها مستقيلة .
٦ - يُصدر بمراسيم مشاريع القوانين التي يوافق عليها مجلس الوزراء ويحيلها إلى البرلمان .	٦ - يحيل مشاريع القوانين التي ترفع إليه من مجلس الوزراء إلى مجلس النواب .
٧ - يعتمد السفراء ويقبل اعتمادهم .	٧ - يعتمد السفراء ويقبل اعتمادهم .
٨ - يُصدر مراسيم تعيين موظفي الدولة وصرفهم وقبول استقالتهم وفق القانون أما المراسيم العائدة لموظفي الفئة الأولى وما يعادلها وتلك التي يحدّدها القانون فتصدر بعد موافقة مجلس الوزراء .	
٩ - يمنح ، وفق القانون ، الجنسية بمرسوم .	
١٠ - يُعلن الحرب بمرسوم بعد موافقة كل من مجلسَي البرلمان ومجلس الوزراء .	

١١- يترأس الحفلات الرسمية ويمنح أوسمة الدولة بمرسوم .	٨ - يرئس الحفلات الرسمية ويمنح أوسمة الدولة بمرسوم .
١٢- يمنح العفو الخاص بمرسوم . أما العفو الشامل فلا يمنح إلا بقانون .	٩- يمنح العفو الخاص بمرسوم . أما العفو الشامل فلا يمنح إلا بقانون .
١٣- يوجه ، عندما تقتضي الضرورة ، رسائل إلى البرلمان الملتئم في مجمع نيابي ، إما مباشرة وإما بواسطة رئيس مجلس الشيوخ . في هذه الحال ، وحتى خارج دورات الانعقاد العادية ، يلتئم البرلمان حكمًا وحصرا لهذه الغاية على ألا تتم مناقشة مضمون الرسالة بحضور رئيس الجمهورية .	١٠- يوجه عندما تقتضي الضرورة رسائل إلى مجلس النواب .
١٤- يعرض أي أمر من الأمور الطارئة على مجلس الوزراء من خارج جدول الأعمال .	١١- يعرض أي أمر من الأمور الطارئة على مجلس الوزراء من خارج جدول الأعمال .
١٥- يدعو مجلس الوزراء استثنائيًا كلما رأى ذلك ضروريًا ، بالاتفاق مع رئيس الحكومة ، على أن باستطاعته دعوة مجلس الوزراء منفردا في حال تعذّر على رئيس الحكومة دعوته لأسباب خارجة عن إرادته أو في حال تمنّعه عن ذلك لفترة تزيد عن ثلاثين يوما .	١٢- يدعو مجلس الوزراء استثنائيًا كلما رأى ذلك ضروريًا بالاتفاق مع رئيس الحكومة .

المادة (٥٤) المقترحة	المادة (٥٤) الحالية
مقررات رئيس الجمهورية يجب أن يشترك معه في التوقيع عليها رئيس الحكومة والوزير أو الوزراء المختصّون ما خلا مرسوم تسمية رئيس الحكومة ومرسوم قبول استقالة الحكومة أو اعتبارها مستقيلة ومرسوم حلّ مجلس	مقررات رئيس الجمهورية يجب أن يشترك معه في التوقيع عليها رئيس الحكومة والوزير أو الوزراء المختصون ما خلا مرسوم تسمية رئيس الحكومة ومرسوم قبول استقالة الحكومة أو اعتبارها مستقيلة .

أما مرسوم إصدار القوانين فيشترك معه في التوقيع عليه رئيس الحكومة .

المادة (٥٥) الحالية

يعود لرئيس الجمهورية ، في الحالات المنصوص عنها في المادتين ٦٥ و ٧٧ من هذا الدستور ، الطلب إلى مجلس الوزراء حل مجلس النواب قبل انتهاء عهد النيابة . فإذا قرر مجلس الوزراء ، بناء على ذلك ، حل المجلس ، يصدر رئيس الجمهورية مرسوم الحل ، وفي هذه الحال تجتمع الهيئات الانتخابية ، وفقًا لأحكام المادة الخامسة والعشرين من الدستور ويدعى المجلس الجديد للاجتماع في خلال الأيام الخمسة عشر التي تلي اعلان الانتخاب .

تستمر هيئة مكتب المجلس في تصريف الأعمال حتى انتخاب مجلس جديد .

وفي حال عدم اجراء الانتخابات ضمن المهلة المنصوص عنها في المادة الخامسة والعشرين من الدستور يعتبر مرسوم الحل باطلاً وكأنه لم يكن ويستمر مجلس النواب في ممارسة سلطاته وفقًا لأحكام الدستور .

المادة (٥٦) الحالية

يصدر رئيس الجمهورية القوانين التي تمت عليها الموافقة النهائية في خلال شهر بعد احالتها إلى الحكومة ويطلب نشرها . أما

النواب . أما مرسوم إصدار القوانين فيشترك معه في التوقيع عليه رئيس الحكومة .

المادة (٥٥) المقترحة

يحق لرئيس الجمهورية أن يُصدر مرسوما معلّلًا بحلّ مجلس النواب قبل انتهاء ولايته النيابية وذلك بعد استشارة كل من رئيس مجلس الشيوخ ورئيس مجلس النواب ورئيس مجلس الوزراء . وفي هذه الحال تجتمع الهيئات الانتخابية وفقًا لأحكام المادة (٢٥) من الدستور ويدعى المجلس الجديد حكمًا للاجتماع في خلال الأيام الخمسة عشر التي تلي إعلان نتائج الانتخاب على أنه لا يجوز حلّ مجلس النواب خلال السنة التي تلي إجراء هذه الانتخابات .

تستمرّ هيئة مكتب المجلس في تصريف الأعمال حتى انتخاب مجلس جديد .

وفي حال عدم إجراء الانتخابات ضمن المهلة المنصوص عنها في المادة الخامسة والعشرين من الدستور يعتبر مرسوم الحلّ باطلًا وكأنه لم يكن ، ويستمر مجلس النواب في ممارسة سلطاته وفقًا لأحكام الدستور .

المادة (٥٦) المقترحة

يُصدر رئيس الجمهورية القوانين التي تمّتْ الموافقة النهائية عليها في خلال شهر بعد احالتها إليه بواسطة الحكومة ويطلب

القوانين التي يتخذ المجلس قرارًا بوجوب استعجال إصدارها ، فيجب عليه أن يصدرها في خلال خمسة أيام ويطلب نشرها .	نشرها . أما القوانين التي يتّخذ مجلس النواب أو المجلسان في الحالات المنصوص عنها في المادة (٣٠) ، قرارًا بوجوب استعجال إصدارها ، فيجب عليه أن يصدرها في خلال خمسة أيام ويطلب نشرها .
وهو يصدر المراسيم ويطلب نشرها ، وله حق الطلب إلى مجلس الوزراء اعادة النظر في أي قرار من القرارات التي يتخذها المجلس خلال خمسة عشر يومًا من تاريخ ايداعه رئاسة الجمهورية .	وهو يُصدر المراسيم المتّخذة في مجلس الوزراء ، ويطلب نشرها ، وله حق الطلب إلى مجلس الوزراء إعادة النظر في أي قرار من القرارات التي يتخذها المجلس وذلك خلال خمسة عشر يومًا من تاريخ ايداعه رئاسة الجمهورية .
وإذا أصر مجلس الوزراء على القرار المتخذ أو انقضت المهلة دون اصدار المرسوم أو اعادته يعتبر القرار أو المرسوم نافذًا حكمًا ووجب نشره .	وإذا أصرّ مجلس الوزراء بغالبية الثلثين من أعضاء الحكومة المحدّد في مرسوم تشكيلها أو انقضت المهلة من دون إصدار المرسوم أو إعادته ، على رئيس الجمهورية إصدار المرسوم حكمًا وطلب نشره تحت طائلة اعتبار تمنّعه خرقا صريحا للدستور. يلتزم رئيس الحكومة والوزير أو الوزراء المختصّون بالتوقيع فورا على المراسيم عملا بمبدأ التضامن الوزاري .

المادة (٥٧) الحالية	المادة (٥٧) المقترحة
لرئيس الجمهورية ، بعد إطلاع مجلس الوزراء ، حق طلب اعادة النظر في القانون مرة واحدة ضمن المهلة المحددة لإصداره ولا يجوز أن يرفض طلبه . وعندما يستعمل	لرئيس الجمهورية ، بموجب مرسوم ، وبعد اطلاع مجلس الوزراء ، حق طلب إعادة النظر بالقانون مرة واحدة ضمن المهلة المحددة لإصداره ولا يجوز أن يرفض طلبه . وعندما

الرئيس حقه هذا يصبح في حل من إصدار القانون إلى أن يوافق عليه المجلس بعد مناقشة أخرى في شأنه ، وإقراره بالغالبية المطلقة من مجموع الأعضاء الذين يؤلفون المجلس قانونًا .	يستعمل الرئيس حقه هذا يصبح في حِلّ من إصدار القانون إلى أن يوافق عليه مجلس النواب كما ومجلس الشيوخ في المواضيع المنصوص عنها في المادة (٣٠) وذلك بعد مناقشة أخرى في شأنه وإقراره بالغالبية المطلقة من مجموع الأعضاء الذين يؤلفون كلًا من المجلسين قانونًا .
وفي حال انقضاء المهلة دون إصدار القانون أو اعادته يعتبر القانون نافذًا حكمًا ووجب نشره .	وفي حال انقضاء المهلة دون إصدار القانون من قبل رئيس الجمهورية أو إعادته ، يعتبر القانون نافذًا حكمًا ويتولى رئيس مجلس الشيوخ ، بالإنابة عن رئيس الجمهورية ، إصداره وطلب نشره خلال مهلة أقصاها خمسة أيام .
المادة (٥٨) الحالية	المادة (٥٨) المقترحة
كل مشروع قانون تقرر الحكومة كونه مستعجلاً بموافقة مجلس الوزراء مشيرة إلى ذلك في مرسوم الإحالة يمكن لرئيس الجمهورية بعد مضي أربعين يومًا من طرحه على المجلس ، وبعد ادراجه في جدول أعمال جلسة عامة وتلاوته فيها ومضي هذه المهلة دون أن يبت به ، أن يصدر مرسومًا قاضيًا بتنفيذه بعد موافقة مجلس الوزراء .	كل مشروع قانون تقرر الحكومة كونه مستعجلًا بموافقة مجلس الوزراء مشيرة إلى ذلك في مرسوم الإحالة يمكن لرئيس الجمهورية بعد مضي أربعين يومًا من طرحه على مجلس النواب في أول جلسة تعقد ، ومضي هذه المهلة من دون أن يَبُتَّ به ، أن يُصدر مرسومًا قاضيًا بتنفيذه وذلك بعد موافقة مجلس الوزراء . لا تدخل المدة الفاصلة فيما بين عقدين في حساب مهلة الأربعين يوما . لا تشمل أحكام هذه المادة مشاريع القوانين التي تتناول إحدى المواضيع المنصوص عنها في المادة (٣٠) باستثناء القوانين المالية .

المادة (٥٩) المقترحة	المادة (٥٩) الحالية
لرئيس الجمهورية ، بموجب مرسوم معلل ، تأجيل انعقاد البرلمان إلى أمد لا يتجاوز شهرًا واحدًا وليس له أن يفعل ذلك مرتين في العقد الواحد .	لرئيس الجمهورية تأجيل انعقاد المجلس إلى أمد لا يتجاوز شهرًا واحدًا وليس له أن يفعل ذلك مرتين في العقد الواحد .

المادة (٦٠) المقترحة	المادة (٦٠) الحالية
لا تبعة على رئيس الجمهورية حال قيامه بوظيفته إلا عند خرقه الدستور أو في حال الخيانة العظمى .	لا تبعة على رئيس الجمهورية حال قيامه بوظيفته إلا عند خرقه الدستور أو في حال الخيانة العظمى .
أما التبعة فيما يختص بالجرائم العادية فهي خاضعة للقوانين العامة . ولا يمكن اتهامه بسبب هذه الجرائم أو لعلّتي خرق الدستور والخيانة العظمى إلا من قبل مجلس النواب بموجب قرار يصدره بغالبية ثلثي مجموع أعضائه ويحاكم أمام المجلس الأعلى المنصوص عليه في المادة الثمانين ، ويُعهد في وظيفة النيابة العامة لدى المجلس الأعلى إلى النائب العام لدى محكمة التمييز .	أما التبعة فيما يختص بالجرائم العادية فهي خاضعة للقوانين العامة . ولا يمكن اتهامه بسبب هذه الجرائم أو لعلتي خرق الدستور والخيانة العظمى إلا من قبل مجلس النواب بموجب قرار يصدره بغالبية ثلثي مجموع أعضائه ويحاكم أمام المجلس الأعلى المنصوص عليه في المادة الثمانين ويعهد في وظيفة النيابة العامة لدى المجلس الأعلى إلى قاض تعينه المحكمة العليا المؤلفة من جميع غرفها .

المادة (٦٢) المقترحة	المادة (٦٢) الحالية
في حال خلوّ سدّة الرئاسة لأي علّة كانت تناط جميع صلاحيات رئيس الجمهورية مؤقةً وبالإنابة، باستثناء توجيه الرسائل إلى مجلس النواب، بمجلس الوزراء.	في حال خلو سدة الرئاسة لأي علة كانت تناط صلاحيات رئيس الجمهورية وكالة بمجلس الوزراء.

مع مراعاة المادة (٤٩)، لا يجوز حل مجلس النواب خلال فترة شغور سدّة رئاسة الجمهورية.

ثانيًا : رئيس مجلس الوزراء

المادة (٦٤) الحالية	المادة (٦٤) المقترحة
رئيس مجلس الوزراء هو رئيس الحكومة يمثلها ويتكلم باسمها ويعتبر مسؤولاً عن تنفيذ السياسة العامة التي يضعها مجلس الوزراء. وهو يمارس الصلاحيات الآتية : ١ - يرئس مجلس الوزراء ، ويكون حكمًا نائبًا لرئيس المجلس الأعلى للدفاع. ٢ - يجري الاستشارات النيابية لتشكيل الحكومة ويوقع مع رئيس الجمهورية مرسوم تشكيلها.	رئيس مجلس الوزراء هو رئيس الحكومة يمثلها ويتكلم باسمها ويعتبر مسؤولًا عن تنفيذ السياسة العامة التي يضعها مجلس الوزراء. وهو يمارس الصلاحيات التالية: ١ - يرئس مجلس الوزراء ، ويكون حكمًا نائبًا لرئيس المجلس الأعلى للدفاع. ٢ - يجري الاستشارات النيابية لتشكيل الحكومة خلال مهلة شهر من تاريخ تكليفه رسميا بموجب كتاب ويوقّع مع رئيس الجمهورية مرسوم تشكيلها. يجوز لرئيس الحكومة المكلّف أن يطلب إلى رئيس الجمهورية تمديد المهلة المخصّصة للتشكيل شهرا إضافيا واحدا ، ولا يجوز أن يرفض طلبه. ويعتبر رئيس الحكومة المكلّف معتذرا حكمًا لدى انقضاء المهلة الأصلية أو المهلة الممدّدة من دون صدور مرسوم التشكيل. فتعاد الاستشارات النيابية الملزمة لتكليف رئيس حكومة من جديد.

وعلى الحكومة أن تتقدم من مجلس النواب ببيانها الوزاري لنيل الثقة في مهلة ثلاثين يومًا من تاريخ صدور مرسوم تشكيلها. ولا تمارس الحكومة صلاحياتها قبل نيلها الثقة ولا بعد استقالتها أو اعتبارها مستقيلة إلا بالمعنى الضيق لتصريف الأعمال.

٣- يطرح سياسة الحكومة العامة أمام مجلس النواب.

٤- يوقع مع رئيس الجمهورية جميع المراسيم ما عدا مرسوم تسميته رئيسًا للحكومة ومرسوم قبول استقالة الحكومة أو اعتبارها مستقيلة.

٥- يوقع مرسوم الدعوة إلى فتح دورة استثنائية ومراسيم اصدار القوانين وطلب اعادة النظر فيها.

٦- يدعو مجلس الوزراء إلى الانعقاد ويضع جدول أعماله. ويطلع رئيس الجمهورية مسبقًا على المواضيع التي يتضمنها وعلى المواضيع الطارئة التي ستبحث.

٧- يتابع أعمال الإدارات والمؤسسات العامة وينسق بين الوزراء ويعطي التوجيهات العامة لضمان حسن سير العمل.

٨- يعقد جلسات عمل مع الجهات المعنية في الدولة بحضور الوزير المختص.

على الحكومة أن تتقدم من مجلس النواب ببيانها الوزاري لنيل الثقة في مهلة ثلاثين يوما من تاريخ صدور مرسوم تشكيلها. لا تمارس الحكومة صلاحياتها قبل نيلها الثقة ولا بعد استقالتها أو اعتبارها مستقيلة إلا لتصريف الأعمال.

٣- يطرح سياسة الحكومة العامة أمام مجلس النواب.

٤- يوقع جميع المراسيم التي يصدرها رئيس الجمهورية ما عدا مرسوم تسميته رئيسًا للحكومة ومرسوم قبول استقالة الحكومة او اعتبارها مستقيلة ومرسوم حل مجلس النواب.

٥- يوقع مع رئيس الجمهورية مرسوم الدعوة إلى فتح دورة استثنائية ومرسوم تأجيل انعقاد البرلمان ومراسيم إصدار القوانين وطلب إعادة النظر فيها.

٦- يدعو مجلس الوزراء إلى الانعقاد ويضع جدول أعماله ويطلع رئيس الجمهورية مسبقًا على المواضيع التي يتضمّنها وعلى المواضيع الطارئة التي ستبحث.

٧- يتابع أعمال الإدارات والمؤسّسات العامة وينسق بين الوزراء ويعطي التوجيهات العامة لضمان حسن سير العمل.

٨- يعقد جلسات عمل مع الجهات المعنية في الدولة بحضور الوزير المختص.

٩- مع مراعاة أحكام المادة (٥١)، يؤمّن تنفيذ القوانين ويتوَلى السلطة

التنظيمية بموجب مراسيم يُصدرها ويشترك معه في التوقيع عليها الوزير أو الوزراء المختصون .

ثالثًا : مجلس الوزراء

المادة (٦٥) المقترحة	المادة (٦٥) الحالية
تناط السلطة الإجرائية بمجلس الوزراء . وهو السلطة التي تخضع لها القوات المسلحة ، ومن الصلاحيات التي يمارسها:	تناط السلطة الاجرائية بمجلس الوزراء . وهو السلطة التي تخضع لها القوات المسلحة ، ومن الصلاحيات التي يمارسها :
١- وضع السياسة العامة للدولة في جميع المجالات واتخاذ القرارات اللازمة لتطبيقها ، ووضع مشاريع القوانين .	١- وضع السياسة العامة للدولة في جميع المجالات ووضع مشاريع القوانين والمراسيم التنظيمية واتخاذ القرارات اللازمة لتطبيقها .
٢- الإشراف على أعمال كل أجهزة الدولة من إدارات ومؤسّسات مدنية وعسكرية وأمنية بلا استثناء .	٢- السهر على تنفيذ القوانين والأنظمة والإشراف على أعمال كل أجهزة الدولة من إدارات ومؤسسات مدنية وعسكرية وأمنية بلا استثناء .
٣- الموافقة على تعيين موظفي الدولة وصرفهم وقبول استقالتهم وفق القانون .	٣- تعيين موظفي الدولة وصرفهم وقبولهم استقالتهم وفق القانون .
	٤- حل مجلس النواب بطلب من رئيس الجمهورية إذا امتنع مجلس النواب ، لغير أسباب قاهرة ، عن الاجتماع طوال عقد عادي أو طوال عقدين استثنائيين

متواليين لا تقل مدة كل منهما عن الشهر أو في حال رده الموازنة برمتها بقصد شل يد الحكومة عن العمل . ولا تجوز ممارسة هذا الحق مرة ثانية للأسباب نفسها التي دعت إلى حل المجلس في المرة الأولى .

٥- يجتمع مجلس الوزراء دوريًا في مقر خاص ويترأس رئيس الجمهورية جلساته عندما يحضر . ويكون النصاب القانوني لانعقاده أكثرية ثلثي أعضائه ، ويتخذ قراراته توافقيًا . فإذا تعذر ذلك فبالتصويت ، ويتخذ قراراته بأكثرية الحضور . أما المواضيع الأساسية فإنها تحتاج إلى موافقة ثلثي عدد أعضاء الحكومة المحدد في مرسوم تشكيلها . ويعتبر مواضيع اساسية ما يأتي : تعديل الدستور ، اعلان حالة الطوارئ والغاؤها ، الحرب والسلم ، التعبئة العامة ، الاتفاقات والمعاهدات الدولية ، الموازنة العامة للدولة ، الخطط الانمائية الشاملة والطويلة المدى ، تعيين موظفي الفئة الأولى أو ما يعادلها ، اعادة النظر في التقسيم الإداري ، حل مجلس النواب ، قانون الانتخابات ، قانون الجنسية ، قوانين الأحوال الشخصية ، اقالة الوزراء .

٤- يجتمع مجلس الوزراء دوريًا ويترأس رئيس الجمهورية جلساته عندما يشاء دون أن يشترك بالتصويت . ويكون النصاب القانوني لانعقاده أكثرية أعضاء الحكومة المحدد في مرسوم تشكيلها ، ويتخذ قراراته توافقيًا ، فإذا تعذر ذلك فبالتصويت ، ويتخذ قراراته بأكثرية الحضور .

المادة (٦٦) الحالية

لا يلي الوزارة إلا اللبنانيون ولا يجوز تولي الوزارة إلا لمن يكون حائزًا على الشروط التي تؤهله للنيابة.

يتولى الوزراء إدارة مصالح الدولة ويناط بهم تطبيق الأنظمة والقوانين كل بما يتعلق بالأمور العائدة إلى إدارته وبما خص به.

يتحمل الوزراء اجماليًا تجاه مجلس النواب تبعة سياسة الحكومة العامة ويتحملون إفراديًا تبعة افعالهم الشخصية.

المادة (٦٦) المقترحة

لا يَلي الوزارة إلا اللبنانيون ولا يجوز تولي الوزارة إلا لمن يكون حائزاً على الشروط التي تؤهله للنيابة

يتولى الوزراء إدارة مصالح الدولة ويناط بهم تطبيق الأنظمة والقوانين كل بما يتعلق بالأمور العائدة إلى إدارته وما خصّ به.

يتحمّل الوزراء إجماليًا تجاه المجلسَين تبعة سياسة الحكومة العامة ويتحمّلون افراديًا تبعة أفعالهم الشخصية.

المادة (٦٧) الحالية

للوزراء أن يحضروا إلى المجلس ان شاؤوا وان يسمعوا عندما يطلبون الكلام ولهم أن يستعينوا بمن يرون من عمال إدارتهم.

المادة (٦٧) المقترحة

للوزراء أن يحضروا إلى المجلسَين انّى شاءوا وأن يُسمعوا عندما يطلبون الكلام ولهم أن يستعينوا بمن يرَون من موظفي إداراتهم.

المادة (٦٨) الحالية

عندما يقرر المجلس عدم الثقة بأحد الوزراء وفاقًا للمادة السابعة والثلاثين وجب على هذا الوزير أن يستقيل.

المادة (٦٨) المقترحة

عندما يقرّر أحد المجلسَين عدم الثقة بأحد الوزراء وفقًا للمادة (٣٧) وجب على هذا الوزير أن يستقيل.

المادة (٦٩) الحالية

١- تعتبر الحكومة مستقيلة في الحالات الآتية:

أ - إذا استقال رئيسها.

ب - إذا فقدت أكثر من ثلث عدد أعضائها المحدد في مرسوم تشكيلها.

المادة (٦٩) المقترحة

١- تعتبر الحكومة مستقيلة في الحالات التالية:

أ - إذا استقال رئيسها.

ب - إذا فقدت أكثر من ثلث عدد أعضائها المحدّد في مرسوم تشكيلها.

ت - بوفاة رئيسها . ث - عند بدء ولاية رئيس الجمهورية . ج - عند بدء ولاية مجلس النواب . ح - عند نزع الثقة منها من قبل المجلس النيابي بمبادرة منه أو بناء على طرحها الثقة . ٢ - تكون اقالة الوزير بمرسوم يوقعه رئيس الجمهورية ورئيس الحكومة بعد موافقة ثلثي أعضاء الحكومة . ٣- عند استقالة الحكومة أو اعتبارها مستقيلة يصبح مجلس النواب حكمًا في دورة انعقاد استثنائية حتى تأليف حكومة جديدة ونيلها الثقة .	ت - بوفاة رئيسها . ث - عند بدء ولاية رئيس الجمهورية . ج - عند بدء ولاية مجلس النواب . ح - عند نزع الثقة منها من قبل أحد المجلسَين بمبادرة منه أو بناء على طرحها هي الثقة أمام مجلس النواب . ٢ - تتمّ إقالة الوزير أو تبديل حقيبته الوزارية بمرسوم يوقعه رئيس الجمهورية ورئيس الحكومة . ٣ - عند استقالة الحكومة أو اعتبارها مستقيلة يصبح البرلمان حكمًا في دورة انعقاد استثنائية محصورة لغايات منح الحكومة الثقة بعد تأليفها من قبل مجلس النواب .

المادة (٧٠) الحالية	المادة (٧٠) المقترحة
لمجلس النواب أن يتهم رئيس مجلس الوزراء والوزراء بارتكابهم الخيانة العظمى أو بإخلالهم بالواجبات المترتبة عليهم ، ولا يجوز أن يصدر قرار الاتهام إلا بغالبية الثلثين من مجموع أعضاء المجلس . ويحدد قانون خاص شروط مسؤولية رئيس مجلس الوزراء والوزراء الحقوقية .	لمجلس النواب أن يتهم رئيس مجلس الوزراء والوزراء بارتكابهم الخيانة العظمى أو بإخلالهم بالواجبات الدستورية المترتبة عليهم والمتصلة بصورة مباشرة بممارسة مهامهم الوزارية دون أن تشمل الأفعال الجرمية المرتكبة من الوزير في معرض ممارسته لمهماته أو تلك ذات الصفة الجرمية الفاضحة ، التي تؤلف تحويلا للسلطة عن طريق إحلال المصلحة الخاصة مكان المصلحة العامة ، ولا يجوز أن يصدر قرار الاتهام إلا بالغالبية المطلقة من مجموع أعضاء المجلس . ويحدد قانون خاص شروط مسؤولية رئيس مجلس الوزراء والوزراء الحقوقية .

الباب الثالث

أ - انتخاب رئيس الجمهورية

المادة (٧٣) الحالية	المادة (٧٣) المقترحة
قبل موعد انتهاء ولاية رئيس الجمهورية بمدة شهر على الأقل أو شهرين على الأكثر يلتئم المجلس بناء على دعوة من رئيسه لانتخاب الرئيس الجديد. وإذا لم يدع المجلس لهذا الغرض فإنه يجتمع حكمًا في اليوم العاشر الذي يسبق أجل انتهاء ولاية الرئيس.	قبل موعد انتهاء ولاية رئيس الجمهورية بمدة شهر على الأقل أو شهرين على الأكثر يلتئم المجلسان في مجمع نيابي بناءً على دعوة من رئيس مجلس الشيوخ لانتخاب الرئيس الجديد. وإذا لم يُدعَ المجمع النيابي لهذا الغرض فإنه يجتمع حكمًا في اليوم الخامس عشر الذي يسبق أجل انتهاء ولاية الرئيس.

المادة (٧٤) الحالية	المادة (٧٤) المقترحة
إذا خلت سدة الرئاسة بسبب وفاة الرئيس أو استقالته أو سبب آخر فلأجل انتخاب الخلف يجتمع المجلس فورًا بحكم القانون وإذا اتفق حصول خلاء الرئاسة حال وجود مجلس النواب منحلاً تدعى الهيئات الانتخابية دون ابطاء ويجتمع المجلس بحكم القانون حال الفراغ من الأعمال الانتخابية.	إذا خلت سدة الرئاسة بسبب وفاة الرئيس أو استقالته أو سبب آخر فلأجل انتخاب الخلف يجتمع المجلسان الملتئمان في مجمع نيابي فورًا بحكم القانون وإذا اتفق حصول خلاء الرئاسة حال وجود مجلس النواب منحلًا تدعى الهيئات الانتخابية دون إبطاء ويجتمع المجمع النيابي بحكم القانون حال الفراغ من الأعمال الانتخابية.

المادة (٧٥) الحالية	المادة (٧٥) المقترحة
أن المجلس الملتئم لانتخاب رئيس الجمهورية يعتبر هيئة انتخابية لا هيئة اشتراعية ويترتب عليه الشروع حالاً في انتخاب رئيس الدولة دون مناقشة أو أي عمل آخر.	إن المجمع النيابي الملتئم لانتخاب رئيس الجمهورية يعتبر هيئة انتخابية لا هيئة اشتراعية ويترتب عليه الشروع حالًا في انتخاب رئيس الدولة دون مناقشة أو أي عمل آخر.

ب - في تعديل الدستور

المادة (٧٦) الحالية	المادة (٧٦) المقترحة
يمكن اعادة النظر في الدستور بناء على اقتراح رئيس الجمهورية فتقدم الحكومة مشروع القانون إلى مجلس النواب.	يمكن إعادة النظر في الدستور بناء على اقتراح رئيس الجمهورية فتُقدّم الحكومة مشروع القانون إلى المجلسين الملتئمين في مجمع نيابي.

المادة (٧٧) الحالية	المادة (٧٧) المقترحة
يمكن أيضًا اعادة النظر في الدستور بناء على طلب مجلس النواب فيجري الأمر حينئذٍ على الوجه الآتي:	يمكن أيضًا إعادة النظر في الدستور بناء على طلب النواب فيجري الأمر حينئذ على الوجه الآتي:
يحق لمجلس النواب في خلال عقد عادي وبناء على اقتراح عشرة من أعضائه على الأقل أن يبدي اقتراحه بأكثرية الثلثين من مجموع الأعضاء الذين يتألف منهم المجلس قانونًا بإعادة النظر في الدستور.	يحق لمجلس النواب في خلال عقد عادي وبناء على اقتراح عشرة من أعضائه على الأقل أن يبدي اقتراحه بأكثرية الثلثين من مجموع الأعضاء الذين يتألف منهم المجلس قانونًا بإعادة النظر في الدستور.
على أن المواد والمسائل التي يتناولها الاقتراح يجب تحديدها وذكرها بصورة واضحة، فيبلغ رئيس المجلس ذلك الاقتراح إلى الحكومة طالبًا إليها أن تضع مشروع قانون في شأنه، فإذا وافقت الحكومة المجلس على اقتراحه بأكثرية الثلثين وجب عليها أن تضع مشروع التعديل وتطرح على المجلس خلال أربعة أشهر وإذا لم توافق فعليها أن تعيد القرار إلى المجلس ليدرسه ثانية، فإذا أصر المجلس عليه بأكثرية ثلاثة أرباع مجموع الأعضاء الذين يتألف منهم المجلس قانونًا،	على أن المواد والمسائل التي يتناولها الاقتراح يجب تحديدها وذكرها بصورة واضحة، فيبلّغ رئيس المجلس ذلك الاقتراح إلى الحكومة طالبًا إليها أن تضع مشروع قانون في شأنه، فإذا وافقت الحكومة المجلس على اقتراحه وجب عليها أن تضع مشروع التعديل وتطرحه على المجلسين خلال أربعه أشهر، وإذا لم توافق فعليها أن تعيد القرار إلى مجلس النواب ليدرسه ثانية، فإذا أصرّ المجلس عليه بأكثرية ثلاثة أرباع مجموع الأعضاء الذين يتألف منهم المجلس قانونًا،

فلرئيس الجمهورية حينئذٍ أما اجابة المجلس إلى رغبته أو الطلب من مجلس الوزراء حله واجراء انتخابات جديدة في خلال ثلاثة أشهر ، فإذا أصر المجلس الجديد على وجوب التعديل وجب على الحكومة الانصياع وطرح مشروع التعديل في مدة أربعة أشهر .

وجب على الحكومة الانصياع وطرح مشروع التعديل في مدّة شهرين.

ت - في أعمال المجمع النيابي

المادة (٧٨) المقترحة	المادة (٧٨) الحالية
يترأس رئيس مجلس الشيوخ المجمع النيابي وتكون هيئة مكتب مجلس الشيوخ هي هيئة المجمع النيابي .	
إذا طرح على المجمع النيابي مشروع يتعلّق بتعديل الدستور يجب عليه أن يثابر على المناقشة حتى التصويت عليه قبل أيّ عمل آخر. على أنه لا يمكنه أن يجري مناقشة أو أن يصوّت إلا على المواد والمسائل المحدّدة بصورة واضحة في المشروع الذي يكون قد قُدّم له.	إذا طرح على المجلس مشروع يتعلق بتعديل الدستور يجب عليه أن يثابر على المناقشة حتى التصويت عليه قبل أي عمل آخر . على انه لا يمكنه أن يجري مناقشة أو أن يصوت إلا على المواد والمسائل المحددة بصورة واضحة في المشروع الذي يكون قدم له .

المادة (٧٩) المقترحة	المادة (٧٩) الحالية
عندما يطرح على المجمع النيابي مشروع يتعلق بتعديل الدستور لا يمكنه أن يبحث فيه أو أن يصوّت عليه ما لم تلتئم أكثرية مؤلَّفة من ثلثي أعضاء كل من المجلسين	عندما يطرح على المجلس مشروع يتعلق بتعديل الدستور لا يمكنه أن يبحث فيه أو أن يصوت عليه ما لم تلتئم أكثرية مؤلفة من ثلثي الأعضاء الذين يؤلفون المجلس قانونًا

٧٩

ويجب أن يكون التصويت بالغالبية نفسها.

وعلى رئيس الجمهورية أن يصدر القانون المتعلق بتعديل الدستور بالشكل والشروط نفسها التي تصدر وتنشر بموجبها القوانين العادية ويحق له خلال المدة المعينة للإصدار أن يطلب إلى المجلس بعد اطلاع مجلس الوزراء اعادة المناقشة في المشروع مرة أخرى ويصوت عليه بأكثرية ثلثي الأصوات أيضًا.

قانونا ويجب أن يكون التصويت بالغالبية نفسها. وعلى رئيس الجمهورية أن يصدر القانون المتعلّق بتعديل الدستور بالشكل والشروط ذاتها التي تصدر وتنشر بموجبها القوانين العادية ويحق له خلال المدة المعينة للإصدار أن يطلب إلى المجلسين الملتئمين في مجمع نيابي، بعد اطلاع مجلس الوزراء، إعادة المناقشة في المشروع مرة أخرى ويصوّت عليه بأكثرية ثلثي الأصوات أيضًا.

الباب الرابع

تدابير مختلفة

أ - المجلس الأعلى

المادة (٨٠) الحالية

يتألف المجلس الأعلى، ومهمته محاكمة الرؤساء والوزراء، من سبعة نواب ينتخبهم مجلس النواب وثمانية من أعلى القضاة اللبنانيين رتبة حسب درجات التسلسل القضائي أو باعتبار الأقدمية إذا تساوت درجاتهم ويجتمعون تحت رئاسة أرفع هؤلاء القضاة رتبة وتصدر قرارات التجريم من المجلس الأعلى بغالبية عشرة أصوات. وتحدد أصول المحاكمات لديه بموجب قانون خاص.

المادة (٨٠) المقترحة

يتألف المجلس الأعلى، ومهمّته محاكمة الرؤساء والوزراء، من سبعة شيوخ ينتخبهم مجلس الشيوخ وثمانية من أعلى القضاة العدليين والإداريين والماليين رتبةً حسب درجات التسلسل القضائي أو باعتبار الأقدمية إذا تساوت درجاتهم ويجتمعون تحت رئاسة أرفع هؤلاء القضاة رتبة وتصدر قرارات التجريم من المجلس الأعلى بغالبية عشرة أصوات. وتحدّد أصول المحاكمات لديه بموجب قانون خاص يلحظ نظام الأعضاء الرديفين للأعضاء الأصيلين.

ب - في المالية

المادة (٨٣) الحالية

كل سنة في بدء عقد تشرين الأول تقدم الحكومة لمجلس النواب موازنة شاملة نفقات الدولة ودخلها عن السنة القادمة ويقترع على الموازنة بندًا بندًا.

المادة (٨٣) المقترحة

كل سنة في بدء العقد التشريعي تقدّم الحكومة للبرلمان موازنة شاملة نفقات الدولة ودخلها عن السنة القادمة ويقترع على الموازنة بندًا ، بندًا.

المادة (٨٤) الحالية

لا يجوز للمجلس في خلال المناقشة بالميزانية وبمشاريع الاعتمادات الإضافية أو الاستثنائية أن يزيد الاعتمادات المقترحة عليه في مشروع الموازنة أو في بقية المشاريع المذكورة سواء كان ذلك بصورة تعديل يدخله عليها أو بطريقة الاقتراح . غير انه يمكنه بعد الانتهاء من تلك المناقشة أن يقرر بطريقة الاقتراح قوانين من شأنها احداث نفقات جديدة.

المادة (٨٤) المقترحة

ولا يجوز لأي من المجلسين في خلال المناقشة بالموازنة وبمشاريع الاعتمادات الإضافية أو الاستثنائية أن يزيد الاعتمادات المقترحة عليه في مشروع الموازنة أو في بقية المشاريع المذكورة سواء كان ذلك بصورة تعديل يدخله عليها أو بطريقة الاقتراح. غير أنه يمكنه بعد الانتهاء من تلك المناقشة أن يقرر بطريقة الاقتراح قوانين من شأنها إحداث نفقات جديدة شرط أن تكون مواردها مؤمّنة.

المادة (٨٥) الحالية

لا يجوز أن يفتح اعتماد استثنائي إلا بقانون خاص . أما إذا دعت ظروف طارئة لنفقات مستعجلة فيتخذ رئيس الجمهورية مرسومًا ، بناء على قرار صادر عن مجلس الوزراء ، بفتح اعتمادات استثنائية أو إضافية وبنقل اعتمادات في الموازنة على أن لا تتجاوز هذه الاعتمادات حدًا أقصى يحدد في قانون

المادة (٨٥) المقترحة

لا يجوز أن يفتح اعتماد استثنائي إلا بقانون خاص. أما إذا دعت ظروف طارئة لنفقات مستعجلة فيتخذ رئيس الجمهورية مرسومًا ، بناء على قرار صادر عن مجلس الوزراء ، بفتح اعتمادات استثنائية أو إضافية وبنقل اعتمادات في الموازنة على ألا تتجاوز هذه الاعتمادات حدّا أقصى يحدد في قانون

الموازنة. ويجب أن تعرض هذه التدابير على موافقة المجلس في أول عقد يلتئم فيه بعد ذلك.

الموازنة. ويجب أن تعرض هذه التدابير على موافقة كل من المجلسين فور تمكنهما من الالتئام قانونا خلال العقد العادي أو أي عقد استثنائي.

المادة (٨٦) الحالية

إذا لم يبت مجلس النواب نهائيًا في شأن مشروع الموازنة قبل الانتهاء من العقد المعين لدرسه فرئيس الجمهورية بالاتفاق مع رئيس الحكومة يدعو المجلس فورًا لعقد استثنائي يستمر لغاية نهاية كانون الثاني لمتابعة درس الموازنة وإذا انقضى العقد الاستثنائي هذا ولم يبت نهائيًا في مشروع الموازنة فلمجلس الوزراء أن يتخذ قرارًا، يصدر بناء عليه عن رئيس الجمهورية، مرسوم يجعل بموجبه المشروع بالشكل الذي تقدم به إلى المجلس مرعيًا ومعمولاً به. ولا يجوز لمجلس الوزراء أن يستعمل هذا الحق إلا إذا كان مشروع الموازنة قد طرح على المجلس قبل بداية عقده بخمسة عشر يومًا على الأقل.

على انه في مدة العقد الاستثنائي المذكور تجبى الضرائب والتكاليف والرسوم والمكوس والعائدات الأخرى كما في السابق وتؤخذ ميزانية السنة السابقة اساسًا ويضاف إليها ما فتح بها من الاعتمادات الإضافية الدائمة ويحذف منها ما اسقط من الاعتمادات الدائمة وتأخذ الحكومة نفقات شهر كانون

المادة (٨٦) المقترحة

إذا لم يبتّ المجلسان نهائيًا في شأن مشروع الموازنة قبل نهاية شهر كانون الأول فلمجلس الوزراء أن يتخذ قرارًا، يصدر بناء عليه، عن رئيس الجمهورية، مرسوم يجعل بموجبه المشروع بالشكل الذي تقدم به إلى مجلس النواب مرعيًا ومعمولًا به. ولا يجوز لمجلس الوزراء أن يستعمل هذا الحق إلا إذا كان مشروع الموازنة قد طرح على مجلس النواب قبل بداية عقده بخمسة عشر يومًا على الأقل.

أما في حال عدم صدور الموازنة في نهاية السنة كحدّ أقصى، فتجبى الضرائب والتكاليف والرسوم والمكوس والعائدات الأخرى كما في السابق وتؤخذ موازنة السنة السابقة أساسًا ويضاف إليها ما فتح بها من الاعتمادات الإضافية الدائمة ويحذف منها ما أسقط من الاعتمادات الدائمة وتأخذ

الثاني من السنة الجديدة على القاعدة الإثني عشرية .

الحكومة نفقات كل شهر يسبق إقرار الموازنة الجديدة على القاعدة الاثني عشرية .

المادة (٨٧) الحالية

ان حسابات الإدارة المالية النهائية لكل سنة يجب أن تعرض على المجلس ليوافق عليها قبل نشر موازنة السنة الثانية التي تلي تلك السنة . وسيوضع قانون خاص لتشكيل ديوان المحاسبات .

المادة (٨٧) المقترحة

إن حسابات الإدارة المالية النهائية لكل سنة يجب أن تعرض على المجلسين ليوافقا عليها قبل نشر موازنة السنة التي تلي تلك السنة على أن تعرض مسبقا من قبل الحكومة على ديوان المحاسبة .

الباب السادس

أحكام نهائية ومؤقتة

المادة (٩٥) الحالية

على مجلس النواب المنتخب على أساس المناصفة بين المسلمين والمسيحيين اتخاذ الاجراءات الملائمة لتحقيق الغاء الطائفية السياسية وفق خطة مرحلية وتشكيل هيئة وطنية برئاسة رئيس الجمهورية ، تضم بالإضافة إلى رئيس مجلس النواب ورئيس مجلس الوزراء شخصيات سياسية وفكرية واجتماعية .

مهمة الهيئة دراسة واقتراح الطرق الكفيلة بإلغاء الطائفية وتقديمها إلى مجلسي النواب والوزراء ومتابعة تنفيذ الخطة المرحلية .

وفي المرحلة الانتقالية :

أ - تمثل الطوائف بصورة عادلة في تشكيل الوزارة .

المادة (٩٥) المقترحة

على مجلس الشيوخ دراسة الطرق الكفيلة بتجاوز الطائفية وإعداد الخطة الملائمة لتطبيقها ورفع الاقتراحات بها إلى رئيس الجمهورية لكي يصار إلى إعطائها المجرى الدستوري والقانوني الملائم ، على أن :

أ - تمثل الطوائف بصورة عادلة في تشكيل الوزارة مع مراعاة المثالثة من ضمن المناصفة .

٨٣

ب - تلغى قاعدة التمثيل الطائفي ويعتمد الاختصاص والكفاءة في الوظائف العامة والقضاء والمؤسسات العسكرية والأمنية والمؤسسات العامة والمختلطة وفقًا لمقتضيات الوفاق الوطني باستثناء وظائف الفئة الأولى فيها وفي ما يعادل الفئة الأولى فيها وتكون هذه الوظائف مناصفة بين المسيحيين والمسلمين دون تخصيص أية وظيفة لأية طائفة مع التقيد بمبدأي الاختصاص والكفاءة.

ب - يُعتمد الاختصاص والكفاءة في الوظائف العامة والقضاء والمؤسّسات العسكرية والأمنية والمؤسّسات العامة والمختلطة شرط أن تكون المباراة التي تؤمن المعايير المهنية والشفافية والمساواة هي الآلية المعتمدة للاختيار باستثناء وظائف الفئة الأولى وما يعادل الفئة الأولى، التي تراعى فيها قاعدة التمثيل الطائفي فتكون هذه الوظائف مناصفة بين المسيحيين والمسلمين من دون تخصيص أية وظيفة لأية طائفة مع التقيّد بمبادئ الاختصاص والكفاءة.

المادة (٩٦) الحالية

ملغاة وفقا للقانون الدستوري تاريخ ١٩٢٧/١٠/١٧

المادة (٩٦) المقترحة

توزع المقاعد في مجلس الشيوخ وفقا لأحكام المادة (٢٢) على الطوائف بالنسب التالية:

* الشيوخ المنتخبون:

٢٥ موارنة،
٢٠ سنة،
٢٠ شيعة،
١٠ روم أرثوذكس،
٦ روم كاثوليك،
٦ دروز،
٣ أرمن أرثوذكس،

١ أرمن كاثوليك ،

١ علوي ،

١ إنجيلي ،

١ أقليات مسيحية .

(مجموع ٩٤)

** الشيوخ المعيّنون :

٣ موارنة ،

٣ سنة ،

٣ شيعة ،

٢ روم أرثوذكس ،

٢ روم كاثوليك ،

٢ دروز،

١ أرمن أرثوذكس ،

١ علوي ،

١ أقليات مسيحية بمن فيهم الأرمن الكاثوليك والإنجيليين .

(مجموع ١٨)